U0746719

東京大學東洋文化研究所大木文庫藏明清稀見史料匯刊

第二輯

上海古籍出版社

本册目録

京控承當各案看語（下）

京山縣民熊學義一案看語

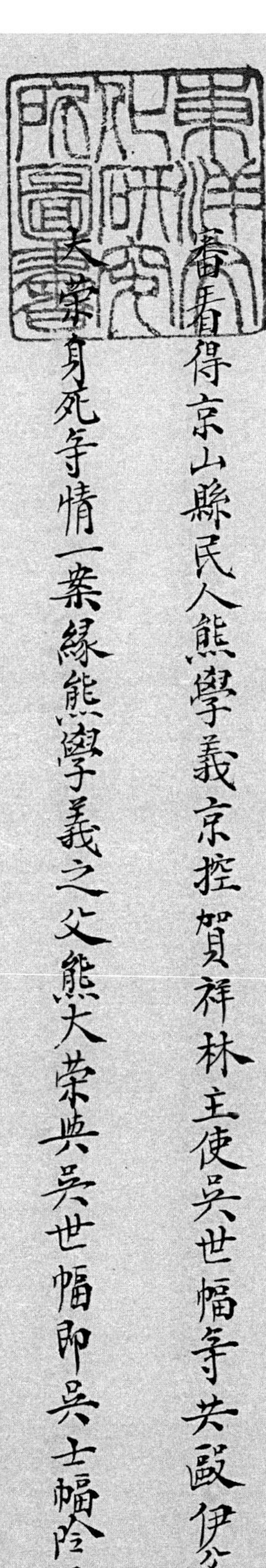

看得京山縣民人熊學義京控賀祥林主使吳世幅等共毆伊父熊大榮身死等情一案緣熊學義之父熊大榮與吳世幅即吳士幅鄰居無嫌道光二十四年九月初間吳世幅憑熊大榮與孫進安作中承買朱海瑞田一畝七分議定價錢三千文約俟交價立契熊大榮私向吳世幅於應得中資外另索謝禮未遂即向朱海瑞揑稱吳世幅欲讓田價僅允出錢二千七百文唆令將田另賣與吳萬青為業是月十四

月吳世幅查知與弟吳家幅前往朱海瑞家理論適朱海瑞正邀熊
大榮孫進安在家飲酒吳世幅村斥熊大榮不應才咬將田另賣熊
大榮斥罵吳世幅慳吝吳世幅回罵熊大榮舉拳向毆吳世幅閃避
順拾地上柴棍毆傷熊大榮左手背熊大榮攏向揪毆有伶人倪玉林
路過進勸熊大榮疑護併罵並取桌上廢鉄圈向倪玉林毆打倪玉林
接過鉄圈舉脚踢傷熊大榮左肋熊大榮揪住倪玉林衣領欲毆倪

玉林用鉄圈連毆其左手腕兩下經朱海瑞孫進安攏勸將熊大
榮拉走吳世幅吳家幅同倪玉林亦即轉回熊大榮回家携取鉄
尺趕上吳世幅爭喊罵吳家幅攏推熊大榮仆跌倒地磕傷其右肥
脥接連右額顴並墊傷兩手肋脥熊大榮爬起舉鉄尺向吳家幅
毆打吳家幅接奪鉄尺過手毆傷其右膝右臁肕熊大榮舉脚蹬
踢吳家幅又用鉄尺連毆傷其右脚腕右脚外踝跌坐地上吳世

幅赶攏拉勸熊大榮揪住吳世幅衣襟混罵吳世幅摟過吳家幅
手內鉄尺打傷其右手腕熊大榮仍緊揪不放並稱傷好定欲邀人
殺害報復吳世幅因其平素充橫起意將其毆成殘廢以免受害
隨用鉄尺毆其左臁肕兩下並連毆傷其左右肐肘熊大榮鬆手倒
地經朱海瑞赶至喝散信知熊學義投回醫治詎熊大榮傷重於
十八日殞命報驗获犯訊詳飭審熊學義旋因伊父熊大榮與戕員

賀祥林向有口角微嫌吳家幅等酉月受雇在賀祥林家幇工倪玉
林係佃住賀祥林家田屋遂疑係賀祥林挾嫌主使並誤聞有吳
家幅吳大中吳萬中等在場幇毆並憶及相驗時曾見伊父屍身
間有發變疑係傷痕未報往向素識之白青遠告知欲控因被斥阻
又疑白青遠串弊隨以賀祥林主毆多傷白青遠串弊等情赴
府司呈控並控奉

撫憲批司行府遣撥京山縣將吳世幅審擬解府經該府查核案

情恐有未確正報明飭委鍾祥縣會審旋撥鍾祥京山二縣會同

審明並無主使亦未串般將熊學義量予責懲詳銷一面將吳世

幅依共毆人致死下手傷重律擬絞倪玉林照餘人律擬杖報明逸

犯吳家幅緝獲另結由府司解蒙勘

題奉准

部現在案熊學義又誤聞吳世幅罪止擬流並因吳家幅在逃未獲

心不甘服起意京控即照本省原控情節並添砌賄差不拘與釋勒

結等情自寫呈詞進京赴

提督衙門呈控送

刑部訊供咨解回楚行司委提人卷至省報明飭委卑府審辦遵即

提齊人證訊悉前情此案熊學義京控賀祥林等挾嫌主使朋毆

串通舞弊各情均係懷疑所致其所稱縣差受賄不拘一層亦未指
有贓數無憑反坐惟控詞究屬失實是熊學義應照申訴不實杖一百
律杖一百賀祥林訊無挾嫌主毆白青遠亦無串通舞弊應與並未
受賄之縣差周亮幅朱大貴等均毋庸議無干省釋吴家幅仍飭
縣勒緝获日另結是否允協理合具文解候
憲台審轉

黃岡縣民黃心錦京控黃以安吞使祭費致坟墓祠堂未修並誘賭逼賣膳田等情一案由

審看得黃岡縣民黃心錦京控黃以安吞使祭費致坟墓祠堂未修並誘賭逼賣膳田等情一案緣黃姓共係八房分上四房下四房有公共祖祠遺存田房廠基河湖等項由上下四房各派人經管收取租課除去一切公用剩有餘錢或借或存議作隨時修祠之資黃心錦即黃体均弟兄有三長黃得元次黃体賓三即黃心錦係黃帶湖即黃繼周之子與黃以安等同族無服黃心錦黃以安等属下分黃效倫黃與太等属上分道光五年黃以安在鄉僱唱花鼓淫戲適黃繼周同居之姪黃正發被竊黃繼周疑由唱戲勾引匪類所致控縣獲

犯袁八訛正賊黃以安亦未審匪將黃以安枷責完案另緝正賊究追又道光八年黃繼周族
人黃育才之嗣子黃定元與妻胡氏不睦立字休回經氏母胡王氏主婚改嫁黃育才外歸誤聞
被黃以安等誘賭逼折控縣差喚黃士楚之黃大年黃繼周等亦先後首告黃以安吞公日久原
被不到該縣照例註銷又道光八年黃以安黃放倫各控黃繼周包納錢漕該縣集証查訊係
因黃繼周借欠黃以安等錢文許代完粮未完押令照數補完結案黃繼周旋更名黃帶湖控奉
藩憲飭府親提未到又道光十年黃繼周以黃帶湖之名遣長子黃得元京控黃放倫之父

黄有江等勾串户書勒析案内牽叙侵吞宗祠公項委經漢陽府以人証未齊將此層發回黄州府由該府傳集黄繼周等調齊底賬眼同清算所收公費除支銷外黄興太等應找出錢九拾串文泒作四股每股認錢二十二串五百文交付八房經管公項修祠取結詳覆飭遵黄以安因錢未找出于道光十六年控府批縣照斷飭追又道光十九年黄自天黄元喜控黄繼周侵吞托完錢漕錢文並黄繼周呈訴黄李氏夫故再醮留存財礼錢二十串文完粮被黄以安挾嫌唆誣經該縣訊明各有未完銀兩押令各案欠数完清取結保釋兩造旋赴府道具控批行該縣

查案詳銷此黃心錦之父黃継周與黃以安等歷年訐訟之原委也道光二十年黃継周
携家覓食麻城其次子黃体貢于二十三年正月内回至本族賀年寓居黃立本家與
黃以安之子黃顕英及黃見吉黃金山相遇共設賭錢頑耍随至黃見吉家四人弾錢共賭結
算黃体貢輸欠黃顕英錢三千二百文輸欠黃見吉錢九百六十文許俟遲日交錢黃体貢
無可設措自愿賣田清償詭言乏用央黃立本作中將伊父黃継周佃與黃立本耕種水
田二斗立約賣與黃以安之弟黃以瀚為業得八折錢六千二百文除償还賭欠四千一百六十文

餘係黄休貢花用黄以安黄以瀚黄立本均不知賭錢情由二十六年黄心錦聞知黄体貢賭輸賣田信知黄継周前往查寔疑黄以安有設局誘逼情事投訴族衆理論時黄心錦在祖祠側屋攻書黄継周暫時住宿李屋黄以安因伊本未設局誘賭心懷不服于是年五月十一日夜往尋黄継周理斥争鬧誤將書箱碰損經賣華借宿之余楚乂劝散黄継周控縣差拘七月初七日晚黄体貢在黄希舜門首與黄顕英路遇口角被黄顕英拳傷其右眼胞經黄希舜劝走黄継周控縣驗傷併拘黄顕英等畏究規避是年閏五月内戶長

黄文亮以祖祠公項久未清算邀同上下經管之黄效倫等下分經管之黄以安等赴祠
算賬黄以安因賬有遺漏延未清算黄文亮黄良武等恐黄以安覇吞廢祭各赴縣
控准差喚黄以安旋牽叙黄繼周更名黄帶湖京控及十九年黄元喜等控其侵
吞錢粮等案作詞控奉
前憲批府飭縣查追該縣集訊各執一詞随經陳際魁與余永芝等從中劝解處令
兩造經手公項俟年豐修祠交清赴縣稟求息銷其黄以瀚所買黄体貢田畝互相

退約还價黄繼周無錢还價另將水田二斗一升立約賣與陳際魁議八折錢二十千文陳際
魁隨照約轉賣與黄以瀚為業黄以瀚扣去原價八折錢六千二百文找付八折錢十三千八
百文黄以安在陳際魁手借用錢四千文餘係黄繼周開銷往來涉訟盤費飯食等項
之用黄以安旋因與黄繼周口角復行控縣傳審黄心錦見黄以安連年與伊家訐訟
累及賣田廢業不知田價如何開銷甫經請息隨又翻異心中啣恨起意京控洩忿遂
照本省歷控情節自作呈詞摹叙從前各案另又開单粘連約計黄以安經管公詞

應有錢二百七十餘千文指係黄以安覇吞並因黄以安曾在縣充役数月退卯係林彩
具保捏稱林彩縢縣庭訊不究拴陳際魁等術和假息掣騙田價錢二十串文並係砌黄
以安等流毒一方生靈切齒勒抄呈稿未允將伊毆辱及長兄遭安巧計暗害殘身各
情進京控奉　提督衙門送
刑部訊供咨解回楚文
撫憲行奉　委提人卷來省報委卑府訊明遂提人証審悉前情此案黄心錦京控黄

以安等誘賭逼賣吞公傷搶各情事出有因惟架砌林彩等謄詆舞與黄以
安等流毒一方暨其長兄被黄以安巧計暗害各情雖係空言究屬寔失自應
照律問擬黄心錦即黄体均除越訴輕罪不議外合依申訴不寔杖一百律杖
一百折責四十板黄体貢黄顯英黄見吉黄金山彈錢賭博罪不應得黄顯英
除拳傷黄体貢輕罪不議外應與黄体貢黄見吉黄金山均合依賭博不分兵
民枷號兩個月杖一百例枷號兩个月杖一百黄見吉黄金山現未到案飭縣拘致

照擬發落黄体貢黄顯英爭犯雖在道光二十五年五月二十四日清刑
恩旨以前到官在後不准援免俟枷號滿日折責發落所輸錢文分别照追入官黄
姓宗祠公項自前次京控後歷年總共清算以致互控侵吞纏訟無已若不為
之徹底究明定立章程不足以杜流弊而息爭端現飭兩造各呈賬簿令戶長
黄文亮督同三面秉公細查計宗祠出息有十二項每年共收錢若干多寡不

齊难以預定斷令均归上下两分值年經管之人經收如用有餘剩留作公用
不許挪移私吞黄继周前次京控案内由黄州府審明派黄與太等四股繳
出公項錢九十千文現批黄與太供明應伊一人繳出又黄以安即年經管公項
除用應存錢一百千文黄效倫經管公項出用應存錢八十千文黄正楊經管
公項除用應存錢三十千文皆係扣至道光二十七年為止議俟修祠一同繳出
如此時尚不修祠即以道光二十八年六月初一為始各按一分五厘認息每年交與值

年經管之人收貯黄效倫經管時置買祠田分撥黄效倫供明並無虛假嗣後
應視年歲之豐歉收租变價归上下兩分值年經管之人存貯黄文亮等十八
逐年借用公項錢六十三千零三十文亦飭逐一開呈細數斷令以道光二十八年正
月為始归上下兩分值年經管之人按数核清收回以上各項設值修祠事故
延不交出錢文許戶長禀縣催追嗣後經管祠事由上下分各公舉一人同戶長一人公

同經理届期更换其修理祠堂則由闔族公舉妥人督办黄以安父子暨黄繼
周父子俱不得干預黄以安所用黄繼周賣田錢四千文已當堂繳付黄心錦
具領黄心錦粘单所開各案即係祠内首叙各案重復分寫内道光十九年
黄名玉等同黄以安互控吞價一案養未貴到訊尚未結又道光二十三年 汪
亦魁等與黄以安等互控抗課一案亦尚未訊斷此案均與黄心錦父子無
涉應由黄岡縣自行清理其出各案俱早以審斷詳結毋庸 在讞

心錦父子與黃以安父子誼属一本訐訟二十餘年之久报復將無底止現

今当堂訊釋前嫌書立合同永敦和睦嗣後不再搆端興訟縣役林彩

訊未朦縣不究陳際魁訊未舞弊假息應與無干人証概行省釋是否

允協理合觧候

憲台審轉

遠安縣張大受京控一案看語

審看得遠安縣張大受京控胡宗聖挾嫌唆使余先愷等揑控
伊毆辱孀母串差張心順朦縣將伊父張從禮生員斥革私押
勒詐並張大受吝解到省旋即病故一案緣張大受與胡宗聖
余先愷均籍隸遠安縣胡宗聖管業柴山毗連張大受家祖塋
道光二十四年張大受因在祖塋砍草越界致相爭鬧胡宗聖
投鳴鄉保任天順任正明余先太清立界限處令張大受立有

不再滋事字拟寝事二十五年張大受之孀婦張余氏因家事
與張大受口角往向其父余啟龍投訴余啟龍以張大受之父
武生張崇禮即張從禮不能約束其子令次子余先春代女張
余氏作抱赴縣呈告准理差役熊邦彥等傳訊未到二十六年
張大受復在胡宗聖管業田旁伐樹經胡宗聖之祖母胡杜氏
以張大受之父武生張崇禮恃衿縱子伐樹等情赴該縣儒學

稟經轉詳
學憲批將武生 張崇禮以劣行註冊牒縣訊辦疊經該縣差役
張心順等傳訊張大受畏究避匿因嗔縣差催傳緊迫疑係差
役意在圖詐又因與佘先春之兄佘先愷素有嫌隙見佘先春
代伊嬸母作抱控縣疑係佘先愷串通興訟並憶及前在祖塋
砍草被胡宗聖捉鳴鄉保任 天順等處令寫立不再滋事字據

後在胡宗聖田旁伐樹又被胡宗聖祖母胡杜氏赴儒學稟經
牒縣差傳遂疑伊嬸母控縣係胡宗聖挾嫌唆使心懷不服每
欲以懷疑各情上赴本省各衙門呈控向伊父張崇禮告知均被
張崇禮嚴行斥阻詎張大受私自作詞揑稱胡宗聖為山清界
控縣自知理屈請和又揑伊嬸母張余氏被祖母杖責胡宗聖
挾嫌勾串鄉保任天順等唆使余先愷賴伊毀辱串差張心順

等朦縣將伊父張崇禮功名詳革私押勒索混指任緯祚為証
並以道光二十六年十二月路遇任正禮向伊索還舊欠工錢
爭鬧被任正禮投鳴鄉保任天順等村斥伊非乃揑為伊向任
正禮索欠被任天順率領任正科等毆傷一併架砌入詞匿不
與聞伊父潛行進京赴
提督衙門呈告送交

刑部訊供咨觧回楚在途染患傷寒甫經到省交役領調旋即病故經江夏縣驗明訊無凌虐詳奉委提人卷至省報委卑府審辦茲提集人証訊悉前情此案張大受京控胡宗聖姨嫌勾串任天順等唆使余先愷等揑控致伊父功名被革以及向任正禮索欠各情均尚有因惟隨意架揑並因縣差張心順催傳緊迫輙揑索詐混指任緯祚為証罪有應得業經病故應與訊

無凌虐之差役俱毋庸議張大受私自京控張崇禮訊不知情胡宗聖訊無挾嫌唆使余先愷並未聽唆捏告均免置議余啟龍因伊女張余氏報訴夫姪張大受與其口角令子余先春作抱代余氏呈控由於義忿並非好訟且已年逾八十應與訊無商串唆訟之鄉保任天順任正明余先太及訊無勒詐之縣役齊開順並未過付之任緯祚與訊未聽從任天順毆傷張大受

之任正禮任正科徐芳槪屬無干一併省釋任正科任正禮已

先後在保病故應與訊無凌虐之保戶俱無庸議張大受舊欠

任正禮工錢已死勿徵未到人証免提株累胡杜氏控案張崇

禮是否無涉仍飭縣就近集証訊結張大受任正科任正禮各

屍棺飭屬領埋是否允協理合詳候

憲台會核審轉

應山縣僧方雲京控一案看語

審看得應山縣僧方雲京控吴之俊等霸佔地畝搶去錢谷等

情一案緣僧方雲係應山縣房合吉寺住持僧介傳係觀音坡

庙住持觀音坡庙有乾隆六十年置買香火田二百二斗介傳

徒孫僧炅經於道光十年欲行変賣適附近昔存今故之吴擇

賢查出伊族有舊存天啟七年領单一紙内載覌音坡僧信喜

承領吴姓所施田三石八斗字様遂以此田係伊吴姓所施僧

炭經不得擅賣邀同族衆控縣差喚隨經紳保李青雲等調處
田仍歸僧炭經照守僧炭經應听伊師祖僧介傳約束不准私
行賣田具結稟縣批銷二十六年僧炭經病故僧介傳招僧方
雲至庙帮同照守吳之俊等慮恐浪廢庙産令僧介傳等另立
領單未允控經該署縣董炳楠票差余占教等集証查訊以方
雲等原非观音坡庙僧人斷令不准在观音坡庙居住其所遺

香火田畝照天啟七年領單飭吳之俊等另行招僧接管吳之
俊等即喃領種廟田之態大勤等不認僧方雲等為田主並於是
年九月初十日赴廟將僧方雲等趕逐清查什物等項搗去租
谷一十一石五斗易銀代納錢漕僧方雲先後赴府司具呈並
控奉
憲台
撫憲批行該縣柬公復訊斷詳僧方雲回縣途遇甯兆揚託仝

轉囑余占教速傳人証衆審寧兆揚戲言原差不能枵腹傳人須送飯食盤費錢十千文旋各走散僧方雲心懷不甘起意京控隨自作呈詞湊砌偏斷勒結賄朦搶錢各情並用蔡大倫本係廟陰縣訊時詰問蔡大倫素知此田是否吳姓所施蔡大倫供詞含混疑係串賄夥弊牽叙入詞進京控奉

提督衙門送

刑部訊供咨觧僧方雲回楚文

撫憲行奉委提人巻〻未省報委卑府審办遵提訊巻前情此案僧方雲京控占産搶逐刑逼詐錢各情固出有因究屬不寔自應照律問擬僧方雲除越訴輕罪不議外合依申訴不寔者杖一百律杖一百所犯尚非有碍行止照例納贖免其還俗該僧本係合吉寺住持斷令仍回合吉寺照守香火不准居住觀音

披庙以息訟端當堂呈驗康熙五年價買蔡先成田約一紙詰
批僧介傳供称此田早已售賣係屬廢紙其乾隆六十年承買
僧傳海田約一紙即係現在能大勤等佃種之田仍將印契給
與僧介傳收執照契管業吳之俊等不得再行混争熊大勤等
亦不得抗違吳之俊等所呈領单無論是否揑造代遠年湮难
以稽考即使當年有施田之事子孫焉能藉名施主永遠干預

把持所有領单當堂塗銷嗣後观音坡庙事務悉听該庙僧介
傳自行經理禀縣立碑示禁如果介傳不能照管許其另招妥
僧住持但不得变賣是用以及所招之僧有不守清規者由地
方衆姓公同禀官究逐吴之俊等所稱二十六年租谷一十一
石五斗概供業已易銀代完錢漕並未分吞入已免其着追甯
兆揚僅有代原差索錢戲言並無其事余占敖亦不知情應與

無干人証概行省釋未到人証邀免再提以省拖累是否允協

理合觧候

憲台会核審轉

房縣職員高凌霄京控一案看語

審看得房縣職員高凌霄京控生員程元禧挾嫌糾毆並誣指

縣差沈魁等將

勅軸擲地泥污等情一案緣高凌霄籍隸房縣前捐監生犯姦斥革

道光二十五年十月初八日恭逢

皇太后萬壽縣城居民均張灯彩有程元禧入學祀祖與陳潤藻等騎

馬出城鄉人爭觀悮將高凌霄門前灯彩擠墜高凌霄當向陳

潤藻等斥説爭以控經縣府喚訊未到二十七年正月間高凌
霄之姊楊高氏向其夫兄楊春華索欠與楊春華之妻楊吴氏
口角揪扭係楊春華勸散維時楊吴氏懷孕楊春華前與高凌
霄有隙疑被主毆恐致墮胎称欲控告當經高凌霄之父高群
英向楊春華理論不听隨因楊吴氏生産寢事五月間高凌霄
之子高鳴九報捐未入流職銜並為高凌霄捐請貤

封敕軸適其戚人王發清王發斌弟兄爭產涉訟牽列高凌霄及程

元禧之名該縣飭差沈魁傳訊是月十六日高凌霄與王發斌

程元禧路遇斥其不應牽累兩相爭鬧各散六月初二日楊高

氏前往高凌霄家其夫楊映宮並子楊于重在鋪未回僅其媳

楊楊氏獨處是夜楊映宮之店夥游帼太乘間往向楊楊氏圖

姦楊楊氏不依喊罵游帼太走至高凌霄家央向楊高氏説明

賑禮次早楊于重先回楊楊氏告令投鳴户族楊學韓楊學珠
控究該縣飭差沈魁拘获游幗太訊認圖姦屬寔照例責懲旋
楊高氏回歸自行碰傷素日本與其子媳不愜即斥罵楊楊氏
既被游幗太圖姦未向稟聞不應投鳴户族控縣楊楊氏用言
分辯楊高氏持刀欲戳經其子楊于重救阻並被其夫兄楊春
華理斥楊高氏氣忿捏称楊春華主令子媳持刀朋戳向楊映

宮高凌霄告述楊映宮信以爲寔赴縣具呈該縣驗明楊高氏
傷由自碰訊無其事隨經楊楊氏之父兄楊開運楊魁安以高凌
霄當楊高氏告述之時並不勸阻楊映宮控究疑有唆聳情事
往與高凌霄理論口角復投同楊學輝楊學珠等赴縣呈明楊
映宮亦即具悔銷案嗣王發清等另案控經襄陽道提訊該縣
仍飭沈魁並另差金榜往傳高凌霄解質時高凌霄所請

軌軸被雨漏湿正在晒晾沈魁等將其傳獲送縣解道發交襄陽府

差狀日勤帶候高凌霄曾凴王朝選自給飯食錢六千七百文

旋王發清等另案京控高凌霄因被縣差沈魁等傳解受累起

意將漏湿

軌軸誣指被沈魁等擲地泥污並揑称沈魁等均有外號又將自給

差役飯食錢六千七百文加数至六十七千作為狀日勤串詐

韋浚游幗太圖姦楊楊氏控縣責懲之案疑係沈魁奐陷楊映

宮在縣呈首子媳已悔之案疑係縣書周維新改易供傷楊閘

運等勒和又因曾與程元禧等口角稱被兇毆又楊高氏與楊

吳氏爭鬧稱被誣告並隨意增改情節一併混列希圖聳听做

就呈詞亦即進京赴

提督衙門具控送

刑部訊供咨觧回楚行奉

憲台委提人叅至省報明飭委卑府審办正提訊問俶高凌霄以原控多係砌誣揪寔首悔前来隨提現到人証訊悉前情案無遁餙此案高凌霄京控牽砌各情或尚有因或出懷疑其所稱差役狀日勤串詐訊止自給飯食錢文狀日勤應科不應重杖係誣輕為重惟指控沈魁芽肘其

勅軸擲地泥汚如果得寔沈魁等應照棄毀制書擬斬審係全虛例

應反坐今高凌霄於提審時供寔具悔與始終誣執者有間高

凌霄應於誣告人死罪未决滿流加徒律上量減一等杖一百

總徒四年定地折責充徒追奪

勅軸咨銷襄陽府差狀目勤得受高凌霄飯食錢文雖非索詐究係

不合應照不應重律杖八十現未到案請飭傳責革役並追所

得錢文入官程元禧訊未糾毆楊開運等並無勒和縣差沈魁

等亦未將高凌霄

勑軸擲地泥污情事均免置議游帽太圖姦楊楊氏未成前已由縣

責懲免其重科楊映宮在縣呈控楊春華主令子媳持刀朋毆

旋即呈悔亦已由縣銷案無干省釋未到人証並免提訊王發

清等京控之案另行議結是否允協理合解候

憲台審轉

房縣民人王發清一案看語

審看得房縣民人王發清京控生員曹忠恕唆使控伊堂兄王延年隱匿田產詐去錢文並王延年之子王世太京控曹忠恕主控伊父分產不公架訟訛錢各等情一案緣王發清與弟王發斌係王建斗之子王延年即王發秀與弟王道清即王發祥係王建豐之子王建斗王建豐係同胞弟兄王建斗及同俱替王建豐於乾隆年間以王建之名充當房縣民壯看守倉庫並未承差別項公事亦未改撥皂快各班王建豐旋經稟退

卒子王延年營貿獲利陸續置買產業王延年於道光八年報捐監生王建斗王建豐同居共炊相繼物故王延年仍經理貿務王發清王發斌不務正業浪費欠債王延年查知劝阻不听於道光十五年憑同公親袁紹彭寺將文遺及自置田產兩股平分因王延年之母尚在提錢一千串作為養贍王延年營貿數十年備嘗辛苦提錢三十串作酬辛勞均以產價合算並無現錢議立分關各執一紙曹忠恕與王姓

素有瓜葛未曾在場王發清王發祇隨將分得田產匀派兩股各半分受王延年弟兄勸〔勤〕於貿耕王發清弟兄游耍性成未及五年漸致蕩廢積欠債項一千數百串或有借字或無券據王發清並將原當曹鴻儒田產一分載價三百串契約向曹忠懋之妻押借錢一百串此田每年收谷十五石言明聽其收谷作利道光十九年王道清學習弓馬縣考後接應府試雷春浩等風聞王道清之父曾充縣役疑其身家不清

具稟攺許該府飭縣會學查明王道清之父王建只充民壯辭退並
未攺充賤役例准應考（報）指訊取戶隣供結詳覆是時王發清王發斌
各負欠無償王發斌一人至王延年家索鬧經勸走回隨即進城落寓
曹忠蓉（怨）飯店告知年尽債逼貧难設措十五年分家時王延年提錢四
千串未分寔係不公意欲告爭重分曹忠怨未悉提錢緣由答以如
果非虛王延年殊欠公平不若投同原憑族戚秉公另議毋遽興訟王

發斌遂於是年十二月內邀集袁紹彭王進朝等並央曹忠恕到場公同
議明將所提王延年母子辛勞養贍錢四千串分給王發斌等二千串
另書分關二紙原立分關曹忠恕以屬廢紙將其撕毀王發斌又與王
發清重分各得錢一千串王延年缺乏現錢將鋪本作錢二百串田產
照原買價值合錢一千八百串共符二千串之數檢約付王發清收執
王發清急需償債將分得九百串之田托曹忠恕等說合仍賣與王

延年爲業因彼時田地價值比原買日較賤酌中估計議定價錢八百
串立約後王延年憑袁紹彭等交錢六百串付稻谷一百石作錢二百
串王發清處錢少債多不敷分還開出清單央懇曹忠怨代爲折扣
減讓擬有字之錢還七分無字之錢還三分並言明僅儘八百串開銷
設有餘剩全作謝資當將錢谷悉交曹忠怨收受曹忠怨轉向各債
戶商允無字之錢每串僅還三百文有字之錢每串僅還四百文掣回

借字塗銷照單还楚之尚餘錢八十串文自行花用王發清初未料及
可以餘錢至八十串之多聞而生悔不愿全作謝資向曹忠恕索分未
允二十一年王發清因案牽連在縣候審寓居曹忠恕家數月又挪借
賬項不少將原買劉金榜七百八十串價值之田轉賣與王大貴議價
四百九十八串內曹忠恕代王發清開銷飯食雜項錢六十二串餘
係王發清自用因尚不敷復將原當葛鴻儒之田照原價三百串轉

當與王大貴此田印約先向曹忠恕家質押借錢經王大貴代還曹
忠恕本錢一百串利錢三十串取回原約餘錢一百七十串王大貴找
付王發清親收兩次均係袁紹彭手作中王發清憶及十九二十兩
年租谷業經曹忠恕收去變賣何又重收利錢向曹忠恕索討
許退未退二十三年五月王發斌貧窮無度又圖分產控
以王延年隱匿吞肥寺情控經該署縣顧美梅批飭族保处

覈王發斌不遵調处續詞控經本任馬晋圖差傳人証訊明王延年並無隱瞞不分之事以兩造究屬同堂弟兄準情斷令王延年義助王發清錢一百五十串王發斌錢二百九十串取結完案王發清王發斌涉訟進城總在曹忠恕家曹忠恕扣去王發清飯食雜用錢四十二串王發斌借項錢六十六串廿八錢一百零八串王發斌將錢花完赴府翻控行縣録案詳覈批飭東公

覈訊王發斌見未批提思架重情聳准作詞捏敘馬縣令受賄一千
六百串門丁受賄二百四十串偏断偏詳等交曹忠恕託其代為添
改值楊永成在曹忠恕家共見此稿曹忠恕深為駭異親將詞稿送
还王發斌未敢冒昧投遞私行銷燬另具呈赴府控准生員許昌明
陳百行等從中劝釋邀王發清赴府呈悔批准行縣銷案二
十六年王發斌又以訊断不公等情控經該代理縣黎承恩票

差魯正等傳審詞內牽叙王延年之父王建充役一層誤將壯
字訛寫皂字生員程元禧楊秉善素與王延年無嫌聞其堂
弟自叙王建充當皂役共疑王延年不應捐監稟請察究以別流品
黎承恩分案准理差喚未到王延年先已疑曹忠恕唆訟圖利
今知程元禧等係曹忠恕門徒愈疑曹忠恕串誣遂與王發清
各以唆詐串誣等情赴道府暨

兩院憲具呈並批王延年之子王世太控奉
督憲批司務道提訊各犯一詞奉道將曹忠怒等交保
候催提未到人証覆訊定斷王延年患病回家就
醫適王發誠借楊維善錢六千文屢索未
償楊維善於二十六年十一月二十九日遣
子楊柱偕雇工三人往向催討楊柱等順攜鉄

刀沿路砍取柴薪不識王發斌住宅誤走入王延年家內王延年染病在床其家恐有別故將楊柱等趕逐王世太在裏聞知以曹忠恕正與伊爻訐訟疑被曹忠恕主使謀害起意京控洩恨與王發清相商王發清亦正自有京控約訂同行王世太遂自作詞因王發斌等屢次分去錢產曹忠恕屢次經手指係主控送訴風聞曹忠恕親送詞稿詞叙知縣門丁受賄未悉稿係

退还業已銷燬商称出稿使王癸斌揑控雷春诰十九年攻孝

之案亦疑曹忠恕主使許昌明等和息亦指曹忠恕串請助惡

並添砌曹忠恕慣訟魚肉閤邑奉為二縣主親領王癸斌先鬧

縣差十一人勒詐道審意存從寬主使楊楊繼善黑夜執刀謀害

拏獲三人送縣各情王癸清藉曹忠恕代还賬項餘錢未分重

收利錢未退全誘曹忠恕圖利主訟三七分肥逼勒指詐並道光

十四年王張氏前夫王应試失足跌溺死于刘思訓地畔河下
其兄王克爵查無别故収埋王之烈疑刘思訓與王張氏通姦
謀斃控縣控府經府提証審結王張氏旋改嫁曹忠恕為妾王
發清誤聞王張氏涉訟時落住曹忠恕飯店被其姦佔一併牽敘
作詞同王世太進京各在
提督衙門具控送

刑部訊供咨觧回楚文

撫憲行奉

憲台委提人叅未省報明飭委卑府審办遵提人証訊悉前情此案王癸清京控曹忠怨姦佔婦女架訟漁利王世太京控曹忠怨挈毁分鬮詐錢數千串分肥給詞使控知縣門丁受賄及縣差勒詐各情或誤听傳言或懷疑有因或未指出差役詐贓

確數或僅申訴失寔均無可反坐惟王發清控曹忠恕以利惑伊弟兄指称告状必内外說明先須用本賄縣詐錢三百串入手一節如所告得寔曹忠恕應依指称衙門打点名色誆騙財物計贓犯該徒罪以上者發近边充軍今審明王發清未與曹忠恕預商告狀王發斌十九年向述欲控王延年吞産曹忠恕僅談論是非並未唆令控告二十三年王發斌控縣曹忠恕亦未

干預其當價錢三百串内一百七十串係王癸清自用餘錢一百三十串係还曹忠恕本利雖曹忠恕重複取利妄談是非原有不合第其咎只在問擬不在重律杖八十係属誣輕為重王世太控曹忠恕主使楊綎善黑夜執刀謀害如所告得寔曹忠恕亦依謀殺人已行未傷造意為首者杖一百徒三年今審係楊綎善遣子索欠誤入其家與曹忠恕絶不相涉王世太控出無因亦反

坐以所誣徒罪曹忠恕另有应得杖八十之罪亦属誣輕為重
五軍三流同折杖二百四十五徒折杖一百共杖二百自应分别照律問擬
王發清王世太除越訴輕罪不議外均合依誣輕為重徒流止杖
一百餘罪収贖律除得寔杖八十外王發清決杖一百餘剩杖六十収贖
王世太決杖一百餘剩杖二十収贖王發斌告大功堂兄王廷年分財不均並
未指出確數無可科算坐誣仍依干名犯義本律問擬王發斌

合依告大功尊長杖九十律杖九十　折責三十五板所欠楊繼善
錢文照追給領其所捏詞稿控叙知縣門丁受賄一千八百四十串
並未投遞即已銷燬無凴究追曹忠恕身列青衿不知避嫌于
王發斌手足參商之際妄論是非復屢次代為經手錢項重收
利息並以餘錢入已撕毀分關致滋藉口殊屬非是曹忠恕應照不
應重律杖八十係生員照律納贖仍俟案結發學嚴加戒飭所得餘錢

八十串同重收利錢三十串一併照数追給王癸清具領王延年於伊子王世太砌詞京控訊不知情兩次分産並無不均其父充當民壯非同賤役捐監亦無不合許昌明陳百行訊非控息程元禧楊蕙善雷春浩稟許有因俱毋庸議無干概行省釋王大貴兩次典賣王癸清田産係王癸清自願出售应听王大貴照旧管業王延年王大貴等當堂所呈分關字約各發还收執未到人証邀免再提以省拖累

嗣後王發清弟兄當勤謀生理不得再務遊蕩尋衅滋訟有傷一本
是否允協理合觧候
憲台審轉

開呈鍾祥縣僧清亮京控杜家效等一案看語

審看得鍾祥縣僧人清亮遣抱京控杜家效等謀覇廟産搶奪牛隻等物一案緣僧清亮係鍾祥縣秀峯寺住持秀峯寺建自前明隆慶年間杜姓相傳係其遠祖李福元無子將住宅改寺隨帶田産自已披剃為僧遂各以寺為家廟歷年久遠無可稽考惟乾隆年間曾經衆姓集費重修存有刋立碑誌嘉慶十年道光十二年杜大潮等曾糾衆赴寺爭鬧

道光二十年僧清亮因寺屋朽壞募資復修並欲更易寺名倩武生劉士清文生尤品南等領首擇興興工杜大潮查知邀同杜家效等控縣該縣陳肖儀以秀峯寺果係李福元遺業何以杜姓認為家廟明白批飭杜大潮等呈明李福元與李楚元李河元係分三支李楚元之祖曾入贅杜姓是以子孫姓杜姓李不一半居鍾祥縣半遷居荊門州僧清亮亦以杜大潮等圖

佔阻修呈控士民劉士清等亦投遞公呈均批准集訊未到二十二年八月十二日僧清亮業經集費擇期興工杜大潮聞知帶同杜家效杜家才杜家華杜延明杜延善杜延中杜祚成杜祚恒往阻僧清亮不服兩相扭跌致各碰磕受傷杜大潮將寺内牛隻牽走就近赴荆門州呈繳時觀看人衆不知如何失去寺中錢文衣物僧清亮同隣人雷添瓏等扭獲

杜家才等送縣該縣驗傷飭醫委勘差拘杜大潮杜家效
隨赴縣呈明閔提牛隻到縣給僧清亮具領提訊兩造供
情各執分别保押諭候集証復審杜大潮因病保回身故
杜家才等亦各患病保釋僧清亮疑係杜家效賄差張
敬吴清燮釋遂以圖佔夥搶賄差燮縱各情先後控奉院
司道府飭據該署縣梁正標集証訊明以秀峯寺建造年

文無論是否杜姓遠祖帶產出家查核碑誌乾隆年間曾
經眾姓重修即屬眾姓香火杜大潮等不應藉詞混爭除
杜大潮先已病故外將杜家效杜大順杜延超杜家才等各
照不應重律杖責斷令賠還僧清亮失物錢一百二十千文
同眾姓修廟不得更改寺名取結議詳銷案嗣杜家效等
延未遵斷賠錢僧清亮赴縣稟催並於二十五年集費將

寺修竣立碑杜家效等查知碑無杜姓名氏赴寺將碑毀
碎二十七年正月十一日僧清亮與杜家效杜延超杜大潰路
遇向索前斷錢文杜家效等荅覆無錢並因僧清亮可悪
赶向毆打時僧清亮挑有粮食衣物棄担逃跑致將粮食
抛洒杜大潰等扭僧清亮至杜家巷地方理斥經過路之趙
鑰勸散僧清亮不甘起意京控先令僧覺峯報縣一面查照

本省歷控情節自作呈詞添砌杜家效等強灌鹽水疊搶米
物各情給僧覺峯作抱携带進京控奉
提督衙門送
刑部訊供咨觧回楚交
撫憲行奉報委卑府提訊抱告供情詳請委提人券飭發
下府並據鍾祥縣通詳查無嘉慶十年道光十二年控案被

告杜大潰即杜大貴差拘到案因病交差領調無效身故驗訊
差役並無陵虐行令歸寨議擬遵即提齊研訊據各供悉前
情此案僧清亮京控杜家效等圖佔廟産疊搶錢物俱事
出有因即所稱差役得賄娶釋一層亦未指明贓数無憑
反坐惟添控強灌盐水等情控詞究屬失寔自應照律問
擬僧清亮除越訴輕罪不議外合依軍民詞訟申訴不

寔者杖一百律杖一百折責發落所犯尚非不守清規免其勒令還俗僧覺峯聽從作抱京控訊係迫于師命業已罪坐其師邀免置議杜家效杜延超雖訊無佔廟搶物等事惟於縣訊結案後既延不遵斷賠錢又復毀去僧清亮所立新碑復將僧清亮扭到杜家巷斥論以致僧清亮拋失糧食因而情急京控寔屬恃强妄爲未便因前已杖責寬免置議杜家效杜延超應與杜大潰照不應

重律杖八十杜大潰已據縣詳因病交差身故應與訊無陵虐之差役

均毋庸議杜家敘杜延超各折責三十板令與杜延棋等遵照原斷

繳錢一百二十千文給僧清亮具領作為修廟之資嗣後不准杜家敘等

干預秀峯寺事務僧清亮亦不得擅改寺名以杜爭端無干省釋未

到人証邀免提質以省拖累是否允協理合解候

憲台查核審轉

閩呈于昌太京控一案看畧

審看得荆州衛軍丁于昌泰京控劉自成等抗欠修造漕船銀

兩一案緣于昌泰籍隸監利縣係荆州衛范受一即郝什公船軍

丁道光十七年在本首報捐監生該船按十年大造一次每届造

船工費不敷歷按船丁屯粮攤派由各户首收齊繳衛僉丁承

領造辦道光二十五年范受一船届大造該衛因于昌泰與劉希

甲均係屯頭令其會同該船各户首議定造費按粮攤派銀二千

四百兩各赴衛出具認狀内有原派之軍丁朱學超朱升三等稱
係赤軍不允幇費復改議派銀二千零八十兩該衛僉點于昌泰
充當正丁領辦造運于昌太隨在衛陸續領過衆丁已繳造費
銀五百五十兩又自向同船胡李王楊各軍户收用認繳貴銀
四百一十兩復由衛借領南糧道庫銀四百兩餘由于昌泰措
墊完工迨至造運公竣尚有劉自成未繳銀八十八兩六錢八分

劉希英劉希煜未繳銀九十三兩劉希倬未繳銀十三兩二錢
劉希甲未繳銀二十一兩二錢朱尚琳朱尚韶朱學庠朱學高
共未繳銀二十七兩五錢張宗科未繳銀五十五兩又代薛盛德
王天理認繳銀三十一兩五錢均延欠未繳又張繼和名下原派
費銀十五兩僅交户首張繼和定銀五兩尚欠銀十兩延未繳衛
以致欠費衆丁劉希俊等俱生覬望于昌泰控經縣衛差追

劉自成等因閘于呂泰曾在

南粮道庫借領造費誠恐將來復按屯粮排追解繳道庫是以

延欠原派費銀未繳莫免重出又薛盛德王天理因屯上公事

向情張家科經理業經張家科在衛代認繳費不允重繳于呂

泰因費繳不齊措墊外欠被追情急工赴司道本府控經批

縣差拘解衛訊追未到于呂泰心疑縣書李韶廷縣差李文

林唐榮匿受賄搨延自做呈詞赴京控奉

提督衙門送交

刑部訊供咨解回楚行司委提人卷至省報委岳府審辦茲提集

人證訊悉前情並詰據于昌泰供劉自成等欠繳造船銀數因

原派改議數有參差並有在衙完繳未領致與京控詞列欠數不

符情愿俟案結回衛自向清理查于昌泰所控劉自成等欠

費雖非虛控即牽砌縣書李韶廷等賄狀亦只空言並未指
寔受賄証據確数無從坐誣惟不候衛追費又未在本省
督撫衙門具控輙行赴京呈告寔屬越訴于昌泰合依越訴律笞
五十係監生照例納贖劉自成劉希英劉希煜劉希倬劉希申
朱尚琳朱尚韶朱學庠朱學高張家科張繼和薛盛德王天
理未繳造費訊屬有因並非逞刁抗欠均毋庸議所有于昌泰

借領南粮道庫銀四百兩斷令于昌泰繳衛解道不得再挨屯

粮派累衆丁劉自成等欠繳銀兩勒限呈繳發交荊州衛仍令

于昌泰赴衛再行清查欠數分別領解歸款朱學超等是否

赤軍抑係操軍應否派費以及欠費未到之劉希俊張繼定等

俱令該衛就近確查操軍冊内如有朱學超等祖父名目飭令按

粮當差並提劉希俊等比追無干省釋是否允協理合解候

憲台會核番轉

番詳解

當陽縣民彭安宅等京控楊幗楷爭圖佔公廠不准牧牛控州批縣未為公斷一案。

審看得當陽縣民彭安宅等京控楊慖楷等違斷佔墾公山牧厰爭情一案緣
彭安宅彭坤達彭坤昊有祖遺荒山與楊姓荒山毗連曾於乾隆伍拾叁年
爭界涉訟經保隣人等秉公調處將該山不分界址作為彭楊兩姓公共牧
厰請息銷案數拾年相安無事道光拾貳年彭安宅等與楊慖楷
楊慖治因圖佔互控該前縣牛焚錕集訊斷令分斷立界管業彭安宅
等隨任該山起造房屋楊慖楷等以原議僅准牧放牲畜赴縣具呈該前縣

王朝棟勘訊查核彭安宅等呈出雍正年間白契未足為據當堂塗銷押令
將房屋拆毀照案定斷不准私墾至貳拾陸年楊倜楷等與楊學才開墾
該山荒地數畝佃給庹向書等耕種彭安宅等越界牧牛楊倜楷等擊
見恐被踐踏粮食當向攔阻彭安宅等復控經代辦縣聶輯光齊集訊斷令
該山不准私墾仍作彭楊兩姓公共牧廠取結完案維時楊倜楷等因佃
給庹向書等山地所種粮食垂熟與候收割遲未停荒彭安宅等又

控經該縣董文煜勘訊以兩造屢經具控仍斷令照前分段立界管業
彭安宅等心不甘服未經具結遂以楊惘楷等違斷估墾公山牧廠並
疑縣書李德芳等有受賄朦勘匿卷情事控經荆門州批縣查究因人証
未齊致未訊結彭安宅起意京控商同彭坤達彭坤晏照依原控情節聯
名具詞彭安宅一人進京赴
提督衙門呈控送

刑部訊供咨解回楚行司委提人卷至省報委卑府審辦隨集齊人證衆
加研訊供悉前情無異此案彭安宅等京控楊𢢔楷等違斷估壟公
山牧厰事非平空混爭惟彻措𢩸書受賄舞弊匿卷雖由懷疑所致
究屬失寔彭安宅除越訴輕罪不議外應照申訴不寔杖壹百律杖
壹百彭坤達彭坤晏聽從聯名具呈應減一等杖玖拾楊𢢔楷楊𢢔
治楊學才違斷私壟致肇訟端均應照不應輕律笞肆拾分別折責

癸落厳向書在保病故保戶訊無凌虐應與訊無受賄朦勘遝卷情

事之縣書李德芳并田母唐訊該山楊姓呈出契據查閲界址不清

不足為凴斷令仍作彭楊兩姓公共牧厰毋許私壟營造飭縣勒碑示

禁以杜爭端無干省釋是否允協

應城縣民李福義京控一案看語

審看得應城縣民李幅義遣抱京控李梅林串唆勒捐苛情一案緣李幅義係李添義胞弟早年分居李添義先因無子將李幅義次子李宗德過繼爲嗣後李添義生子李宗盛一律撫養婚配李幅義有受分水田五斗坐落李添義田下在葉家壋使水道光十六年李幅義車水誤損李添義秧苗控經該前縣紀令斷令李幅義照舊過灌取結完案嗣李幅義以伊東边田畝

離葉家壋甚遠意欲就近開溝引取壋水入田李添義不允控經
該前縣王令斷令李添義將葉家壋水分義讓一半與李幅義
灌溉東边之田仍着李幅義繳錢二十千文給李添義收領帮
補修壋之資李添義未經遵斷李幅義查知李添義往來涉訟
均在族人李梅林家落住疑係李梅林唆使控奉
各憲批行該縣拘究有生員何玉輝等調處請息並經該縣訊

明李梅林並無主唆情事詳擬詳奉批銷二十六年二月李添義自因年老憑族李輝廷李萬珍等析分田産立有分關李宗德李宗盛各得田二十一石輪流供應李添義夫婦養膳是年閏五月内李宗德因李宗盛阻用堰水具詞控縣李添義代遞訴詞當經族戚李幅德等勸和公請息銷九月内李宗盛築墻李宗德謂其越界争論李添義阻斥不听復行控縣差唤李添

義以李宗德不明大義屢籍小故興訟一時氣忿遂赴縣呈首
李宗德違犯抗膳求照例發遣並請將所分李宗德田地以一
半歸伊親子李宗盛承受以一半充公修城該縣拘到李宗德
訊押追約李幅義慮恐李宗德問罪其妻子又無養活徃央李
梅林劝和不允心疑李梅林挑唆盗列紳耆及伊兄妻李鄧氏
等名目遞詞遂恳該縣查非本人遞詞照例批飭並訊録各供

通詳李幅義情急遂自作呈詞令其四子李宗禹作抱上控並

進京控奉

提督衙門送

刑部訊供咨交

撫憲行司委提人卷至省報委畀府審辦並批李幅義先行赴

府投到呈明李宗禹沿途感受風寒到省後遘患病沉重抬歸

醫治未愈难以投案取供并情隨提現到人証研訊拠各供悉
前情此案李幅義京控李梅林串唆勒捐事出懷疑有因其稱
李梅林色納錢漕色攬詞訟不能指出憑証所控殊屬失寔自
應按律問擬李幅義除越訴輕罪不議外合依申訴不寔者杖
一百律擬杖一百折責四十板李宗德訊無觸忤抗膳情事惟
不听嗣父訓阻輒以細故控弟郎速違犯教令李宗德合依子

孫違犯父母教令者杖一百律杖一百折責發落李添義先因
氣忿在縣呈請將嗣子李宗德發遣今據當堂供明懇求寬免
治罪田產亦求免追應於所請俾全一本而敦孝友但李宗德
究非李添義親生如輪照舊輪流供養恐難得李添義歡心斷
令李宗德將所分田產撥出五石付與李宗盛以作李添義夫
婦養膳俟李添義夫婦故後仍歸李宗德管業並飭李宗德案

結歸家。速將此田契約檢交李宗盛收執。所爭水分地界業經
李添義處理明白，李梅林訊未唆訟，色漕均免置議，無干概行
省釋。未到之李玉香，并免其提質，省累。是否允協，理合解候
審奪。審轉。

孝感縣民李正青京控看語

審看得孝感縣民李正青京控程義雄爭將伊姊程李氏
搶去逼嫁爭情一案緣李正青籍隸孝感縣平素推車度日有
胞姊程李氏幼嫁程應寬為妻生有二子程應寬之母早故僅父同
居相依道光十八年程應寬病故遺存營業住屋三間湖田六升又與
分居胞叔程明志即程正德輪年稞種祭田六升程應寬故後經其父
雇族姪孫程義雄在家帮工照守迨至二十四年程應寬之父身故程

李氏無人管束每與族鄰交淡細事特倚孀婦任性悍潑並以程義
雄工作不力時加詈辱乃與族人程秀太常捐往來不避嫌疑程義雄
捉鳴程明志及族長程應堂程萬盛齊向程李氏斥非程李氏愈肆
蔓鬧程義雄隨負氣辭出程明志因程李氏不安於室慮難節守遂
令族人程應彬程應發程全忠勸商該氏再醮程李氏曾經應允程明
志以氏弱身故未久遲至二十六年二月間知族人程顯叙相識之祝

姓欲娶妻室當向程李氏告知一面央程顯叙為媒議將程李氏醮與祝姓為婚祝姓查知程李氏情性乖張推辞不允程明志復令程應彬等託素識之楊世洪代訪娶主程李氏誤聽楊世洪係楊家河販賣人口國戶心不甘服並憶及程義雄辞工投族斥非之忿赴縣具呈隱匿曽經允醮寔情捏控程義雄夥同程應彬等圖占田畝欲拆該氏至楊家河國戶嫁賣旋投族長程萬盛等

以程李氏不守婦道與程秀太往来不避嫌疑經程義雄投鳴族
戚理斥爭情聯名赴縣呈詳該縣曾維楨飭差曾明元夏魁
戴春王志喚訊未到是年九月程明志因程李氏翁喪服滿復
央族人程天青為媒將程李氏改嫁與附近交界之雲夢縣屬
地方王開成為妻議訂財礼錢五十七千五百文先交程明志錢四十
千為程李氏前夫二子衣食及長成婚配之用餘俟程李氏過門後

陸續交付程明志向程李氏告知將程李氏夫遺田房及家具什物凴
族開存清单並程李氏與程明志同族八四股公喂小牛一隻併交程
明志領營俟程李氏二子成立照单交付管業程李氏並無異言王
開成隨偕王飛王世德等抬轎往娶程李氏過門詎程李氏至王開成
家憎嫌其家道不豐乃又不願再醮乘間逃回母家借住時值伊弟李
正青推車外出于七年六月李正青歸來見姊在家向詢程李氏仍隱

匿允醮宴情控稱夫族姪程義雄在家邦工向伊調姦遂出族長程應堂主使程義雄夥串程正德程應彬等將伊抓至族人程顯叙家醮與親姪爲婚投知族戚程秀太等服礼寢事復被閉鎖房内欲賣與國戶楊世洪家曾經赴縣具控又被夥串族人程萬盛等赴縣扛訟誣伊與程秀太往來不避嫌疑將該氏屋宇田地家畜牛隻盡行典當並串程天青等將伊用布抹口搶賣雲邑王開茂爲婚

程正德等得受財禮錢五十七串五百文伊不愿再醮潛逃等語李正青信以為真心生氣忿又誤聞程李氏在縣呈控之後有人從中捶訟假捏伊名在縣控姊程李氏不守婦道並假程李氏出名訴伊素不安分赴縣向原差曾明元等探詢聲稱欲赴府呈控經曾明元等力辨無人假名捶訟阻其上控免累李正青疑係曾明元等受賄包攬即乘受雇推車之便照依伊姊程李氏告知情

事及伊誤听有人假名捙訟緣由逞忿作詞捏稱係伊至王開成家

認還財禮將程李氏接出進京赴

提督衙門呈控送交

刑部訊供咨觧回楚行司委提被控人証卷宗省報委卑府審

辦飭據程李氏赴府投到經卑府查知程李氏係案內應質之程

秀太查一拘到案提集人証訊悉前情再三究詰矢口不移並批江

夏縣詳報案内交保之王飛程應彬程全忠於取供後染受時疫先後

在保病故驗訊保戶均無淩虐情弊查李正青京控搶嫁各情雖事出

有因並非平空誣告牽控縣役賄囑亦只空言無憑坐誣惟輕听程李

氏一面之詞不細加查明遽忿京控究屬失寔除越訴輕罪不議外合依

申訴不寔律杖一百程明志即程正德係程李氏期親夫叔雖訊無搶嫁

情事乃因程李氏不安於室並不好為規誡輒令程應彬等勸令再

醮殊属不合應照不應重律杖八十程應彬程應發程全忠率听程明志主使往勸程李氏允為改嫁亦属非是應於程明志杖八十罪上減一等各杖七十程應彬程全忠已在保病故李正青月程明志即程正德程應發各照擬折責發落王開成訊用財禮覓媒正娶程天青因聞程李氏願醮听從程明志央允為媒王飛王世德訊係王開成雇往抬轎迎娶俱無夥謀搶嫁別情均免置議王飛在保病故應與程應彬

程全忠在保病故，訊無凌虐之保户，及訊無受賄色瑞之縣役曾明元、夏魁、戴春、王志概毋庸議。孀婦程李氏先既憑族稱愿再醮，迨至美叔程明志央人訪尋要主，輙捏情具控，嗣復允嫁王開成爲婚，因過門見其家道不豐，乃又不愿再醮，潛逃反覆無定，寔屬特婦逞刁。現經訊擬，堅供仍愿回至程家撫子孀守，斷令程明志歸家，將該氏夫遺田房家具什物憑同族保照原立清單逐一交給程李氏收領管

業程明志輪種祭田六升仍照舊與程李氏輪年稞種程李氏耕
牛一隻訊係與程明志及族人四股公衆已賣錢三千二百文令程明志
按股賠還程李氏錢八百文程李氏如再不守婦道許程明志投同
族呤送縣究懲程明志已受王開成財禮追還給領程秀太雖
訊無與程李氏姦私確據但於奉文提審並不赴縣候解輒列同
程李氏私行来省又自避匿情殊詭詐既被該族長程萬盛等

在縣控與程李氏往来不避嫌疑嗣後不准再與程李氏見面交言

違即听憑族鄰告官究治無干省釋未到免提以省株累王

飛等屍棺飭屬領埋是否允協

襄陽縣監生楊忠和一案看語

審看得襄陽縣監生楊忠和遣抱京控劉洪雨挾嫌糾搶牲畜
毆傷伊姪楊子柱身死等情一案緣劉洪雨籍隸襄陽縣同弟
劉洪雷並姪劉見蘭均與楊忠和之族姪楊子柱素識無嫌道光二
十四年十月二十九日楊子柱牽赶牛馬順從路旁劉洪雨劉見科
地內行走踐踏麥苗劉洪雨瞥見不依欲令賠償將其牛馬攔住掯
留不給楊子柱回歸向楊忠和之父楊孟沅投訴楊孟沅即邀帶其次

子楊忠合並邀族人楊子全楊子掭楊子剛要楊子柱前至劉洪雨
家將牛馬強行赶走劉洪雨不服糾邀其弟姪劉洪雷劉見蘭劉
見順劉見三劉和尚並族人劉五舉劉洪甲劉洪全同往追赶劉見
蘭劉見順各帶家藏防夜鉄錨劉五舉劉洪甲順携殉菜鉄鐝
追及楊子柱等吽罵楊子柱轉身回罵劉洪雨喝令衆齊動手毆打
劉見蘭即用鉄錨連戳傷楊子柱胸膛右乳楊子柱舉脚乱踢劉

見蘭又連戳傷其左脚腕左腿肚右腿劉洪雷亦接過劉見順手
内鉄錨連戳傷其項心左後肋左胯當各奪下錨走開楊子柱混罵
劉洪雨又喝令劉見順拾起鉄錨連戳傷其髮際右臂膊右後脇倒
地時楊孟沅楊子金楊子搽楊子剛攏護亦被劉五舉用鉄鍬毆傷
楊孟沅腦後楊子金右肋被劉洪甲用鉄鍬戳傷楊子搽項頸楊子
剛左耳根經楊忠甫等喝散詎楊子柱傷重逾時殞命報縣驗詳差

緝旋楊子金等傷俱平復楊孟沅於傷痊後患病身死嗣初二參

限滿開列承接緝各職名詳請咨參楊忠和因劉洪雨等久未獲

辦心疑縣差丁興發得賄賣放即赴襄陽府暨

院司各憲具呈批飭府緝該縣僅獲犯劉見蘭一名並拘到趙老二訊

係無干省釋劉洪雨等仍未弋獲楊忠和起意京控即以劉洪雨挾

嫌糾搶牲畜毆傷楊子桂斃死命伊父楊孟沅被毆受傷氣鬱身死

縣差得賄賣放正兇等情做就呈詞遣其弟楊忠和作抱進京赴

都察院衙門具控訊供咨解回楚行奉委提人券該縣續經獲犯一併

解省報委阜府審辦訊悉前情案無遁飾正詳解間劉洪雨劉洪雷

先後在監病故經江夏縣驗訊並無凌虐具文通報奉批歸案議詳查

律載聞毆殺人者不論手足他物金刃並絞監候又威力主使他人毆打

致死者以主使之人爲首下手之人爲從論减一等又例載主使數人毆一

人致死者以下手傷重之人為從其餘皆為餘人又共毆人執持兇器傷
人者發近邊充軍各等語此案刘洪雨因被楊子柱牛馬踐踏麦苗
欲令賠償揹留牛馬不給嗣楊子柱投同楊子並沅争往將牛馬赶走
劉洪雨輒糾邀劉洪雷等追及楊子柱等主使行毆致將楊子柱戳傷
斃命應以主使之劉洪雨為首擬抵劉洪雨合依鬪毆殺人者不論手
足他物金刃並絞監候律擬絞監候劉洪雷劉見蘭係劉洪雨弟姪一

家共犯侵損於人律同凡人首從論查楊手柱身受各傷應以在逃之

劉見順錨戳致命右後脇倒地為重劉洪雷手錨戳其頂心等處

傷輕皆屬餘人惟執持鉄錨非民間常用之物應照兇器傷人從重

問擬劉洪雷劉見蘭均合依共毆人執持兇器傷人者發近邊充軍例

發近邊充軍劉洪雨劉洪雷已在監病故應與訊無凌虐之看役均

毋庸議劉見蘭事犯在道光二十五年五月清刑

恩旨以前到官在後不准援減觧配杖一百折責安置劉見三劉和尚隨從在
場雖係一家共犯並未下手傷人且已坐罪尊長照律勿論楊忠和京控各
情或已得寔或出有因其所稱縣差得賄賣放亦屬空言訊因正兇
久未獲辦懷疑所致尚無不合應照越訴律笞五十係監生照律准其
納贖楊忠合聽從作抱京控罪坐其兄應免置議無干省釋兇器
據供丟棄無從查起劉見順等飭縣緝獲另結是否允協理合觧候

憲台審轉

閻董以興京控一案看畧

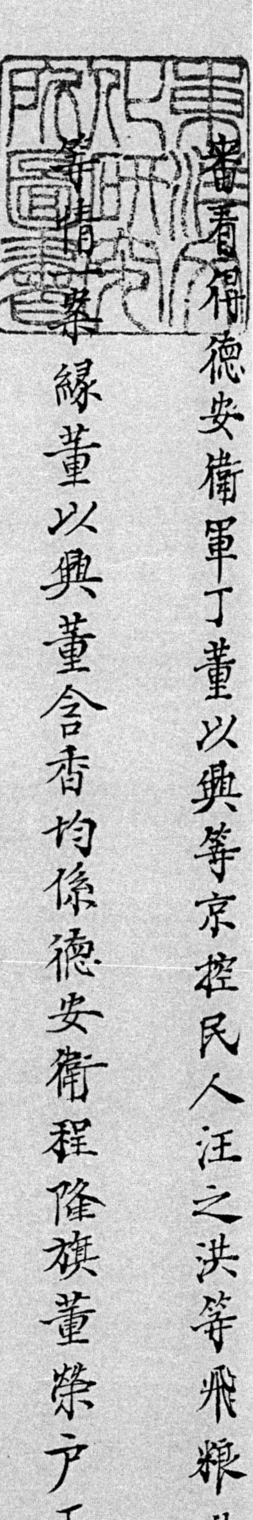
審看得德安衛軍丁董以興等京控民人汪之洪等飛糧迯軍
等情一案 緣董以興董含香均係德安衛程隆旗董榮戶下軍
丁汪之洪係安陸縣屬姚家灣會民籍與程隆旗住界毗連汪
之洪祖人先年頂種董榮戶軍田十石每年在衛認完軍糧一石
六斗並不僉丁出運傳至汪之洪及其子汪志順等分種軍糧二
石三斗一升五合頂完軍糧三斗七升六勺衛冊載名汪有璜汪

盛德餘田係其族人汪志啟汪志發汪之杰等分種完粮各當各差
汪之洪幼孤無依經其姑父董工達領歸撫養有民粮六升八合四
勺冊名汪正辟董工達之子董方耀代為完納更名董正辟此田
向佃董如愷等耕種嗣汪之洪成立歸宗仍將冊名更正劉萬和即
劉漸衢充當安陸縣衙門兵書與汪之洪交好汪之洪有事進城
即在劉萬和家落寓道光八年汪之洪因迭被董姓增派幫貲恐

致受累將所種軍由二石三斗一升五合典押與另隸軍籍之黄玉
三將冊載汪有瓚汪盛德之名併改為黄玉三户柱董含香查知
以黄玉三並非同船共伍控經汪之洪仍將是田贖回冊亦照舊更
正道光十三年董含香挨人董作揖負欠無償憑潘之順作中將
民田九斗五升賣與汪之洪為業得錢四十千零五百文推收民
粮七升六合縣冊載名董之茂汪之洪當將契約投縣完税紛

印粘連司尾董含香等不知董作楫所賣係屬民粮屢向汪之
洪索約覩看汪之洪不允董含香等疑其改单作民道光十五年
董榮船輪應大造屯頭程登光住隔窵遠未悉汪之洪本係民
籍誤報汪之洪為般丁汪之洪赴縣主府呈控經前署縣錢喬雲
集証訊断詳銷董姓户首董和鳴等因錢粮未清旋另控衛换
訊汪之洪益慮受累於十七年同戚人董中永董近智商議将所

有軍粮以一斗七升七合六勺掉换册名董宗孔民粮八升八合八勺又以一斗九升三合掉换册名董中永民粮九升六合五勺其衛册内汪有璜汪盛德二户改名董登禄董近智董登禄復於一斗七升七合六勺軍粮内撥二升四合與董近智汪之洪將董宗孔董中永二户在縣併入汪正群户内議定以後軍歸軍民歸民彼此不得扳扯董姓户首查知不依與董含香等及汪之洪各以

換糧扳軍等情赴縣衛互控並上赴院司府各衙門具呈均飭縣衛會同東公訊斷該縣衛查訊兩造各執一詞未能斷結董含香央董順給兵書劉壁亭錢二百文託其代抄汪之洪詞稿劉壁亭不允將錢退還董含香託縣差劉明代為關照劉明答以非伊原差須送差費錢六千六百文董含香未允各散二十七年四月十三日汪之洪因田中失去豆麥在董姓門首吽罵董以興等不依與之口角爭

毆適董有林等踵至各用木棍毆傷汪之洪左右手碗等處拳傷其
左右腓膛等處倒地並以穢物污汪之洪頭面拖放附近田内淺氹
時汪志順等出外汪之洪妻媳聞信趨視取被將汪之洪頭面蓋掩
蓋董以興旋往將被取回汪志順等外歸往扶汪之洪回家醫
調控縣驗傷拘訊是月二十六日汪志順向徐長發討得欠項
錢三千七百文行至梅祥摸地方與董以興董近有等相遇汪

志順村斥董以興等不應毆辱伊父以致互相罵毆董以興拳傷
汪志順右項頸右脊背「董近有棍傷汪之洪父子飛粮取巧不完幇
汪志順右後肋等處並扯破其舊白布衫褂褲三件深恨
費奪其錢文経路過之徐人彦勸散汪志順報經該縣驗傷票差
一併拘究嗣經集訊因董以興行兇傷人穢物污人頭面並因鬪毆奪
人錢文將其杖責晉押勒令賠還汪之洪父子錢文衣被取結保釋
其汪之洪有無飛粮縣差仍俟傳齊人証再審董以興受責不甘

起意京控隨照本省歷控情節自作呈詞憶及董方耀完粮之董正辟户名忽歸汪之洪更名汪正辟疑有影射脱换情弊因汪之洪往來涉訟總住劉萬和家疑劉萬和爲之主計董如愷曾在縣逓詞代汪之洪訴辯疑爲賄商换粮詭傳汪之洪祖人係董姓雇工一併牽敘入詞並添砌裝傷賺責各情商允董含香聯名告知控情一人起程進京赴

提督衙門具控送

刑部訊供咨解董以興回楚文

撫憲行奉委提人卷至省會同報委畢府審辦遵提人卷審悉前情此案董以興京控汪之洪換糧脫畢事出有因惟架砌劉萬和燕充仵作裝傷朦驗齊主計得錢各情殊屬失寔自應照律問擬董以興除越訴輕罪不議並穢物汙人頭面因鬧毆奪人錢

物業經縣中杖責追賠免其重科外合依軍民詞訟申訴不寔者杖
一百律杖一百董含香听從聯名合依為從減一等律杖九十分別折
責發落汪之洪祖人以民籍頂充軍粮果否係董姓雇工事遠年湮
無可稽考屯頭程登光因汪之洪節年認完軍粮未悉係屬民籍
於道光十五年在衛舉報汪之洪為殷丁殊屬誤會汪之洪業
於十七年將軍粮與董榮户同船共伍之董登祿董中永掉换

民粮圖免軍累在董以興等因視為取巧第軍田定例不准民
人典買原期贍軍運務今民人汪之洪以軍歸軍核典定例相符
所有此項軍田軍粮應仍歸董登禄董中永名下管理此外汪
志啟等承種軍產俱典汪之洪無涉若有欠粮抗費等事董以
興等應徑向清理查催不得混派需索汪志啟等處否照舊
項種完粮抑或互相换易各當各差悉听其便但不得違例典

賣與民人及非同船共伍之丁致啟訟端汪之洪汪志順各傷早已平復所失麦豆無多免其查追邦毆之董有林等及索錢未得之差役劉明飭縣拘获另結無干概行省釋汪之洪當堂呈驗董作楫賣田印約案結發還收執再縣衛征冊券根均未摽檢賣汪之洪現供户名粮数有無舛錯請飭該縣衛就近確查設有錯誤即予更正並傳董登禄等訊取切寔供結俾昭信

守未到人証免其再提以省拖累是否允協理合觧侯

憲台會核審轉

開呈利川縣尼僧廣有京控牟秀贊等一案看語

審看得利川縣尼僧廣有京控牟秀贊等霸佔廟宇將伊毆

逐控縣串差舞弊等情一案緣尼僧廣有係利川縣人幼適吳

姓夫故無依該縣西鄉有鎮江寺廟宇係牟秀贊之祖人牟昌

遠修建於嘉慶九年招尼僧源亮住持並捐給田地數畝供奉

香火廣有於道光十八年至鎮江寺欲投源亮為師甫住月餘

因不守清規即被源亮逐出隨在太平寺為尼源亮旋亦招張鄒

氏削髮為徒取名廣順與廣有並無往来二十三年八月間源亮
病故經廣順將收得粮食九石變賣同遺存錢五十千文為源
亮備棺殮埋並分給其師叔尼僧源開衣服二件以作遺念維
時廣有曾至廟內央同廣順分管香火廣順未允各散復於
二十五年正月二十二日廣有因貧無度憶及前有投拜源亮
為師之事即往向廣順聲稱師故遺有廟產欲令分給致

與廣順口角適牟秀贊並子牟維東等路過聞知進廟問悉情由當投鳴保正牟秀崔將廣有斥逐廣有不服彼此爭鬧經隣人黄祖壽等勸走廣有隨心疑牟秀贊等有圖佔情事即以強佔毆逐等情赴縣具控經該縣吳人彥集証訊明將廣有掌責取結完案廣有旋添砌覇佔毆逐賄串差保舞弊各情赴府道暨

臬憲
憲轅衙門翻控均經飭縣錄詳廣有復照本省原控情節作詞
進京赴
提督衙門具控送
刑部訊供後咨解回楚行至雲夢縣地方因病身故經該縣驗訊
並無陵虐具文通報並將原咨申賚奉
撫憲行司會同委提人券至省報委　卑府審辦遵提現到人証

訊悉前情究詰不移案無遁飾此案尼僧廣有京控牟秀贊等佔産毆逐賄串差保舞弊各情今提到人証訊明並無其事該尼僧揑詞呈告罪有應得業已在途病故應與訊無陵虐之解役均毋庸議牟秀贊牟維東並未覇佔廟宇與訊無受賄舞弊之保正牟秀崔縣差牟章亦免置議嗣後廟内田地聽廟僧管業供奉香火毋許牟秀贊等覬覦以杜爭端

無干省釋是否允協理合詳解候
憲台會核審轉

隨州民袁代淳京控一案看語

審看得隨州民袁代淳京控羅萬象仝子羅幅海等糾搶伊家
衣物錢穀一案緣袁代淳武生羅幅海均籍隸隨州道光二十五年七月
羅幅海之戚孀婦王韓氏自賣管業田畝經袁代淳夥買之劉賢哲
與韓文博作中勸袁代淳置買議價二百四十五串內除扣王韓氏得過
上庄錢五十串應交田價錢一百九十五串袁代淳因無現錢寫立一百九十
五串錢票連王韓氏所立賣田契約俱交中証劉賢哲收存議俟

交錢取約王韓氏分居之翁王愷嗔未與聞即以袁代淳舊買分給伊媳韓氏膳田赴隨州呈控袁代淳慮受拖累不愿承買此田即向劉賢哲索票囑其退約劉賢哲因此田買賣並無不明王愷既經赴州呈控未便私退袁代淳隨赴德安府呈明退田免累飭提劉賢哲等查訊未到王愷路遇袁代淳拉同赴州投審田武舉羅萬象門首經過羅萬象見向問知構訟緣由羅萬象之子武生羅幅海與王愷誼屬至戚挽留

至家從中調處勸袁代淳憐念王愷貧苦帮助王愷錢五十串以免構訟袁代淳應允當憑白存仁寫給王愷五十串錢票各散後憑華棣向李學瀛借給王愷錢二十串尚欠票錢三十串王愷屢向袁代淳索取未給道光二十六年八月二十六日王愷訪聞袁代淳已收王韓氏賣田租谷起意前往搬谷抵欠即逞忿令子王道洋邀王起虎等同至袁代淳家搬谷詎袁代淳立意不買王韓氏之田所有畱租谷已退歸王韓氏收納王愷悞將袁代淳家自存谷十二石五斗搬回羅幅海聞知

邀同閔朝貴等往阻無及適值袁代淳外出追至歸家詢知憶及欠王愷票錢
由於羅幅海處令幫給王愷帶同王道洋等搬谷抵欠羅幅海等亦經隨往心
疑羅萬象令子羅幅海等糾約搬谷作抵屬幫未給錢文即以被搶
谷石就近赴州同衙門喊禀並因家存衣物錢文未及清查一倉猝禀報一併
被搶當經該州同將王起虎等案牒州訊係王道洋約至袁代淳家向搬
稞谷並未搶取衣物錢文該州勞牧飭差將王起虎文保候質袁代淳因

嗔劉賢哲始而勸買王韓氏之田繼又不允退約以致搆訟即以劉賢哲

套買勒措羅萬象禁詐統搶各情上赴

撫轅呈控批府究詳袁代淳復起意京控自做呈詞照敘本省控情並

劉賢哲扣伊買本不與買田相涉之錢五十二串三百六十文一併牽敘入詞

又因王起虎由州同解州交保有州役顧文中與羅萬象素識疑是羅萬

象串通該役朦州不究添砌呈內進京控奉

提督衙門 送交

刑部訊供咨解回楚委提人犯來省報委卑府審辦遵即提集現到人

証訊悉前情究無別故查袁代淳京控劉賢哲奏伊夥買田畝以及羅萬

象仝子羅幅海等糾搶衣物錢谷俱非無因惟隨意架砌究屬失寔袁代

淳除越訴擬笞輕罪不議外合依申訴不寔律杖一百折責四十板王道洋

聽從其父王愷約同王起虎王高蓮王高奎至袁代淳家搬谷均屬不合王

愷現已身故王道洋王起虎等均照不應重律杖八十王起虎王高逵王高奎

現未提到飭州拘案照擬折責王愷所搬袁代溥谷石早經变賣食用已

死勿征武生羅幅海訊無所從其父羅萬象糾搶情事其處令袁代溥帮

助王愷錢文訊因勸息訟端起見王愷現經身故愿代王愷賠還袁代溥帮

給錢二十串文免其置議王韓氏之田袁代溥既不願買斷令此田仍歸王韓氏

照舊管業王道洋不得從中干預所有王韓氏交存中証劉賢哲之賣約

以及袁代淳交存田價錢票劉賢哲現未到案將來均作廢紙並令王韓氏韓
文博當堂寫立字拠與袁代淳收執日後如有執此田價錢票向袁代淳索錢
惟王韓氏韓文博是問免致拖訟袁代淳牵控劉賢哲勒扣賀本錢五十
餘串拠供愿自回家向其清理亦毋庸議無干省释案經訊明未到人証免
提株累是否允協理合稟候
憲台俯賜審轉

洒陽州民人王達墉京控一案

審看得洒陽州民人王達墉京控汪慶家等逼伊堂妹汪王氏縊斃賄和伊侄王以修控告寃禁等情一案緣王達墉即王崇如與胞姪王以修分居伊堂妹汪王氏係汪慶家已故堂叔汪端一之妻素有痰疾時發時愈居常每以病累自怨屢經其子汪斐章即汪耀家勸慰汪端一在日與汪李氏之夫汪太蒞合夥貿易缺乏資本將房屋作錢一千九百三十八千文立約质

押嗣汪太莅與汪端一先後物故，歇貿仍退屋還約汪端一另有該欠汪太莅債項未楚，經汪李氏憑同汪慶家之父汪太華汪堯堦之父汪太萬向汪王氏清算，汪王氏願將田地作價抵還汪李氏，尚應找出錢四百六十二千文，當付昇裕吉亨兑票二紙交汪王氏收存，均未爭較。道光二十二年正月内，汪王氏痰病復發，醫治無效，於是月二十四日夜乘閒自縊身死。汪斐章悲痛情切不忍報官相驗致母屍暴露隨取回票錢四百六十二千文買備衣棺殮埋未報王以修誤聞汪太芊汪太萬曾同汪李氏索討汪王氏欠項疑被威逼縊斃稟經州同牒州復有汪王氏母夫兩家族人王維綸王維新汪瑞家各赴州呈控喚訊未到嗣經戚陸謝藍田等查明請息未准遂有汪法家外貿甫歸未查底寔亦赴州續控催集人証質究王以修旋慮坐

誣邀同王維綸王維新汪瑞家汪法家聯名呈悔該州傳訊王
以修情屢央袁振春頂名出堂未允喝王維新一人投到經州
差賀坤高興將王維新又汪克塤帶訊具結完案王維綸王維
新又各赴漢陽府翻控飭究扣發王維綸回州訊因懷疑未釋
所致取結責釋詳覆王以修涉訟花費欠債無償計向汪慶家
尋釁誣詐有汪慶家之堂姪汪宣振幼聘朱劉氏之女朱 女為

妻過門童養完婚後夫婦相繼身故遺有子女汪慶家為 之照顧衣食王以修藉此揑造字帖誣指朱女十四歲時被汪慶家誘姦在州呈告冀以姦無對証使汪慶家畏事行財求和汪慶家與朱劉氏並被牽告有名之張人烈各隨赴州呈訴飭差王升等喚訊王以修至認識之州書金名揚家寓住金名揚詢悉揑情斥其不應汚人名節辭令另稟王以修懼罪具結首悔汪

慶家被誣不甘遣抱控經府司批州集證訊明將以修 收禁通
詳王以修懷恨復揑金名揚爲汪慶家倩監生李維新關通並
袁振春與汪堯墀盗名呈悔命案汪慶家乱倫脫罪弃詞 遣子
王朝太作抱赴府司暨
撫轅具控批行詰究王以修見未准提復起意京控照依 原控
情節添揑汪慶家關通該州紋銀七百兩金名揚同袁振春馳

銀交付門丁李四又兩次出錢一百串買差王升等將伊捉鎖
各情作詞遣子王期太進京控奉
都察院咨回提訊委審所控全係虛誣將王以修依驀越赴京
告重事不實並全誣十人以上例擬發邊遠充軍詳解審咨王
達埔外貿回家查知王以修指控人證未俱到齊並以王以修
先已兩次在州呈悔仍收禁難罪疑有冤抑起意京控冀邀輕

減罪名，遂照王以修原控情節，將敗賀退還約批，指作賄和人

命，藉汪斐章取回票錢，偷辦契事，指係汪太華等行賄，添砌刑

責。含冤卅載。差賀坤等串帶袁振春假冒王維新，過堂各情，自作

呈詞進京赴

步軍統領衙門呈遞。訊供洛解，回楚交

撫憲行司委提人卷來省，報明飭委皁府審辦，提齊人證，訊悉

前情庚詰王達墉堅供此次京控王以修妻不知情案無遁飾應即擬結此案王以修原控虛誣審辦並無屈抑今王達墉復照依具詞赴京呈控訊止圖減王以修罪名尚無添揑重大情節惟所控究屬失實自應照律問擬王達墉即王崇如合依申訴不實者杖一百律杖一百年逾七十照律收贖王以修前已照例擬軍業經奉准

部覆應仍照原擬解配折責安置王維新前次未經到案因其
先於州訊結案後又翻控已照不應重律擬八十亦仍照原擬
折責發落汪慶家等訊無逼命行賄等事均已於前案擬結應
毋庸再議州差賀坤案証熊昭本俱無不合亦均毋庸議無干
省釋是否允協理合解候
憲台會核審轉

京山縣民張會一等京控一案看語

審看得京山縣民張會一等遣抱張瑞祥京控張傑等霸佔伊家河地等情一案緣張會一與張傑均籍隸京山縣同姓不宗各聚族而居屋皆臨河上通京山縣屬南河下達天門縣河係屬舊有河道不知始自何年無可追溯自京山縣之漩風潭起至天門縣交界之魯家巷止計長七十餘里張會一等與族人向在河下網魚設立渡船裝運往来行旅貨物其漩風潭之上

有吴冉張鄭李賈冢姓亦各在河下網魚設渡沿河兩岸冢姓
買賣田地均以河心為界俱隨田納糧張傑等族衆亦在管業
界内河下設網渡魚道光二十一年九月張會一等因張傑族
人張尚坤等在河網魚彼此口角争鬧將張會一等族人網魚
船隻揹留互相赴縣具控經該署縣昇太查訊兩造控争河道
均無實在管業界址契據為憑以張會一所指河段上自漩風

潭下至魯家巷計長七十餘里按粮科算應完銭粮銀五兩九錢零張會一呈騐張儀同與張通二户粮券共納粮銀九錢顯非此段河道完粮之券断令兩造照舊各守各界不得越佔控争滋事張會一等随以縣書呂現章朦縣枉断勒結等情先後赴安陸府道暨

憲藩轅翻控並控奉

撫憲批府飭縣調查管業確據訊詳復經該縣楊際昌集

訊調查兩造均無管業確據斷令自張傑門前以上河水歸張

會一等管業張傑門前以下河水歸張傑管業上下段内另有

管業者仍各照舊管業兩造俱不遵斷張會一等復控奉

撫憲批府督縣審辦經署安陸府王啓炳提訊兩造查無契約

界址確凴斷令控爭河道上自漩風潭起下至魯家巷止一併

入官均不准取魚張會一等准在該河破廟埠頭照舊設立渡
船裝運並陸路駝運粮食貨物張傑等亦准在於河内設渡裝
運並陸路駝運粮物彼此均不得攔阻以杜争端張尚坤等所
留張會一等族人魚船令其退還張會一等仍不輸服復控奉
撫憲批府覆訊妥為定斷議詳又經現任安陸府賈士陶提集
兩造查驗張會一等所呈管河印照係康熙初年民詞詞稱蟻

有漩風潭河水與張通一户連界懇給印照等語該縣並未批
准但於粘卷處鈐蓋半印不足為凴又騐所呈康熙年間該前
府江守告示一紙語句俚雜不清且係無印抄稿更難為據又
騐所呈乾隆三十七年前任京山縣左令印示一紙係專指張
姓准在拖船埠照舊設立渡船並未指令於上下河面網魚裝
運並訊據兩造僉供該河兩岸衆姓買賣田地俱指河心為

界更見該河道並非張會一等祖業層層向其駁詰張會一等
俯首無詞斷令該河上自漩風潭起下至魯家巷止仍行入官
官河網魚例所不禁兩造族人及平素業漁貧民准在河岸居
民門首上下百步以外撒網謀生不准近門滋擾亦不准靠田
岸穵土下椿妨碍農工阻滯行舟兩造原設渡船准照舊設立
如敢勒索即裁撤究治另招他姓濟渡水陸裝運悉聽客便不

准把持取具兩造輸服供結詳奉

撫憲批結完案詎張會一族姪張瑞祥因搆訟之初伊有魚船

一隻被張傑族人揹留經前府斷還張會一等收領未及轉交

追至案由該府覆訊斷定詳結張瑞祥向張會一等索取前

收斷還魚船被斥遂嗔張會一等控爭河道不力致斷入官逞

忿京控即查照張會一等在本省上控呈詞添砌府書黃尚昇

等與縣書吕現章相繼舞弊朦断聳聽仍以張會一等出名自
作抱告做就呈詞潛行進京赴
步軍統領衙門呈控咨觧回楚行司委提人巻来省報委卑府
審辦遵提人証逐加查訊備悉前情查張瑞祥於案經断結之
後因向張會一等索取断還魚船被斥輒逞忿揑名京控並添
砌府縣房書黄尚昇等弊朦雖係空言聳聽究属不合應照不

應重律杖八十折責發落張會一張継先張節遠訊不知京控
情事應與訊無佔河之武生張傑張修林均免置議所有張會
一等控爭河道調驗京控詞稱為憑之印示等件核與該府貫
守查驗無異概難為憑仍應斷為官河免致復起爭端餘悉照
該府貫守所斷完結張瑞祥魚船訊已朽壞既經張會一次
領即令張會一折價賠償未到免提以省株累是否允協理合詳解候

憲台會核審轉

京控已未結各案

京控已未結各案

計開

移交一棗陽縣民張舉孝京控高培澤等逼令伊弟張舉常認家

拷斃一案

移交一圻州草貢陳佐廷京控粮書夏章輝串勒折浮收縱算詳究革一案

○移交○
一均州民魏先秀遣抱京控魏寶鑑欠錢不還誣
賭閙押并情一案
○移交○
一恩施縣民楊添輝并京控中營官兵覇佔伊家田地作為
馬廠招佃收租一案
○移交○
一鍾祥縣民王明禮京控賀良善將伊承典田地舊賣李
倫覇種一案

移交▽一南漳縣監生彭彰遣抱京控馬佀瀛并謀買陰地佔去水澤一案

移交▽一荆門州孀婦劉趙氏遣抱京控伊夫劉成極被劉成勳并毆斃

私和一案

移交▽一建始縣民王澤達京控户書劉恕坦并浮收粮銀一案

移交▽一公安縣生員毛業焜京控毛業森搶奪谷石一案

移交▽一應山縣民吳特畤京控吳大鴻并図産謀繼一案

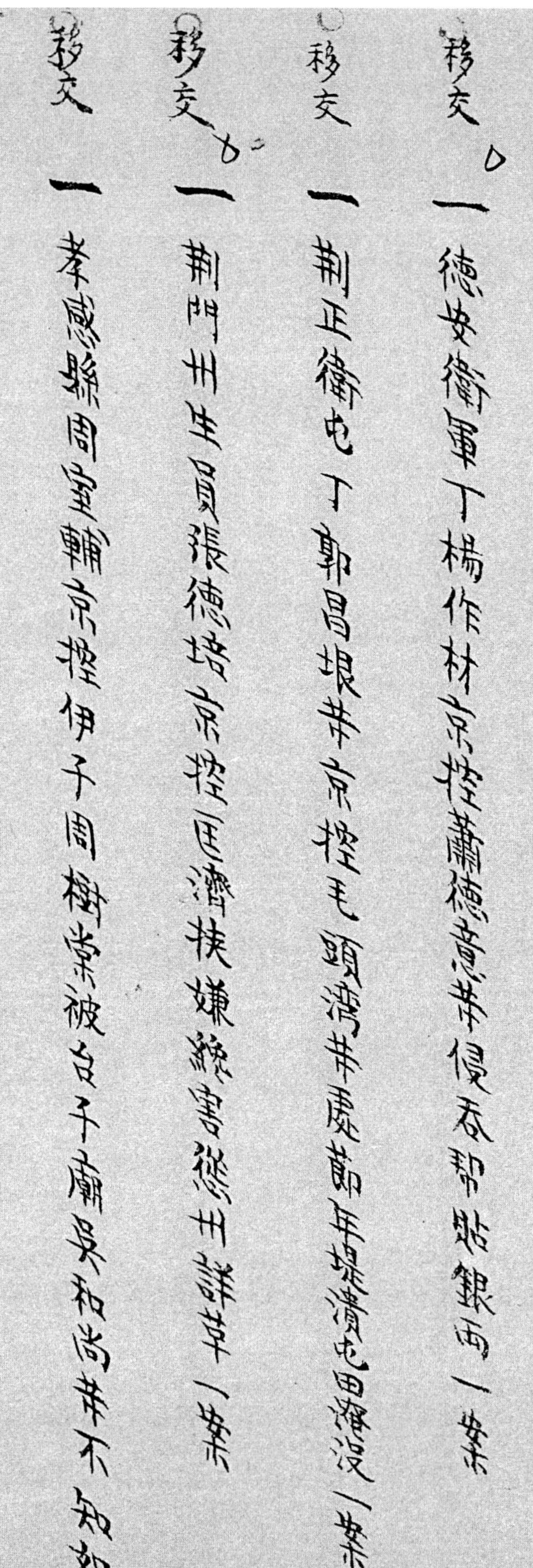
移交　一德安衛軍丁楊作材京控蕭德意并侵吞幇貼銀両一案
移交　一荆正衛屯丁郭昌垠并京控毛頭湾并處節年堤潰屯田淹没一案
移交　一荆門州生員張德培京控匡濟挾嫌縱害慫州詳革一案
移交　一孝感縣周室輔京控伊子周樹棠被台子廟吳和尚并不知姓
何謀斃一案
移交　一德安衛軍丁張幗印并京控徐宗盛并侵吞公費一案

一 沔陽州民王以修京控汪賡宗騙錢串汪李氏將房屋抵算致伊姑母被逼縊斃一案

移交 一 江西高安縣民羅祥瑞京控羅開瑞在恩施縣夥開鹽店被姪羅幅沐霸佔並將伊毆傷一案

一 荆門州監生萬先福京控粮書潘文墀并洋收勒折一案

一 荆正衛屯丁張安高京控張繼觀并不攤造船公費一案

一　黄陂縣民夏為傑京控李致祥并借欠銀兩一案

一　荊左衛軍丁黄伏一京控羅宗盛并勒買鋪屋並趙忠兜重利
盤剥并情一案

一　武昌衛軍丁劉簡宣京控柯進洋并承種屯田抗不納粮并情一案

一　巴東縣民鄧尚儒京控鄧尚月挾嫌糾搶燒斃伊女一案

一　安陸縣民雷方林京控程光州挾嫌毆搶並差役串詐并情一案

一江陵縣民崔洪瑞京控公安縣民周家齊姦拐伊妻並差役串詐等情一案

一穀城縣民紀全章京控被盜行劫獲犯陳桂山等被陳化清賄通縣書王兆祥舞弊釋放等情一案

一襄陽縣民陸桂列京控張文試霸種牧廠地畝串差鎖押一案

一圻水縣民高金華遣抱高漢章京控縣書魯大勳等將伊家

所置地契私改塗寫並誣伊色抗漕粮鎖押勒索多贓并情一案

一　嘉魚縣生員李含華并遺拖京控河堤漫潰屢請興修不辦

并情一案

一　安陸縣民劉秉照京控汪有洸將伊孀嫂搶去為妻逼立婚書

致叔劉萬全縊斃一案

一　隨州民張兆岐京控雷經廷唆使伊堂嫂逐繼霸產並將伊族

伯張進用刀砍傷伊兄張兆岐歷控委員未為公斷并情一案

一雲夢縣民王大勲遣抱王正江京控王大祥并挾嫌唆使陳明英并將已退之婚糾衆強搶并情一案

一孝感縣民沈慎修京控程登元并毀甃胡修墪并情一案

一安陸縣民陳學鴻京控程國瑞并包納漕米勒索差費并情一案

一松滋縣民胡宗祥京控黄大幅并越界強佔洲地搶割田麦并情一案

一　監利縣民朱東正京控朱東文因謀買房屋未遂以致毆傷伊
父朱佐武并情一案

移文
一　隨州孀婦汪劉氏遣抱京控汪立身原擬徒罪懇求留養一案

一　松滋縣民周一光并京控蕭明秀并窩賊行劫伊家获賊解縣
楊士全串嘱丁書劉添瑞并索詐錢文將賊復行釋放并情一案

一　監利縣民趙延漢京控陳以暖并抗完堤費挾嫌搶去衣物燒燬房屋一案

一 鍾祥縣僧清亮京控杜宗效謀霸廟産搶奪牛隻并情一案

一 荆州衛監利縣軍丁監生于昌太京控劉自成并抗欠修造漕船銀兩并情一案

一 當陽縣民彭安宅并京控楊幗楷并賄契佔山開墾并情一案

一 應城縣民李福義遣抱李宗禹京控李梅林串唆李宗盛并將李宗德田産勒捐城工并情一案

一孝感縣民李正清京控程義雄并將伊妹程李氏搶去逼嫁并情一案

一襄陽縣監生楊忠和遣抱楊忠合京控劉洪甫挾嫌糾衆強搶伊家牲畜將伊姪子桂連砍多傷登時殞命并情一案

一安陸縣人德安衛軍丁董以興并京控汪之恩并私賣軍田并情一案

未結

一襄陽縣民婦郭李氏遣抱京控伊子郭元喜被胡正彩并鎗傷斃命又郭必鎬遣抱京控伊子郭奇被李天本并鎗傷殞命各并情一案

一 利川縣尼僧廣有京控牟秀積並霸佔廟宇將伊毆逐控縣串差舞弊並情一案

一 隨州民袁代淳京控羅萬象令子羅帽海並糾搶伊家衣物並情一案

一 沔陽州民王逵墉京控汪慶家等向伊堂妹汪王氏逼欠以致汪王氏自縊身死等情一案

○、一京山縣民張瑞祥京控張傑等霸佔伊家河地等情一案

○、一京山縣民熊學義京控吳世幅共毆熊大榮身死一案

○、一黃岡縣民黃心錦京控黃以安等誘賭窩匪吞使絫費一案

○、一遠安縣民張大受京控胡宗盛等誣伊毆孀串差私押勒詐一案

○、一應山縣僧方雲京控吳之俊霸佔地畝並搶去錢谷一案

○、一房縣職員高凌霄京控程元禧挾嫌糾約陳潤澡將伊揪毆等情一案

一房縣民王發清京控曹忠恕等隱匿田產又王世太京控王發斌公產不公等情一案

一天門縣民張中茂京控楊正常等不准開溝洩水一案

一竹山縣民蔡王京控縣差吉升索錢未遂伊父朱照被逼斃命一案

一江夏縣逆徒楊洸照京控胡緯元等拆毀伊家房屋等情一案

一枝江縣孀婦張周氏京控張金銀等侵吞田產逼嫁一案

、一長樂縣民王萬明京控鄒士芹等奪種地畝搶去谷石等情一案

、一南漳縣民婦秦陳氏京控秦國寶唆使伊夫秦舉棟誣姦並搶去猪隻谷石等情一案

未結　一黄陂縣民王光斗京控楊卓武等誣伊窩賊搶去什物一案

未結　一隨州草職馮起順遣抱京控卯文亮等將伊伯父馮起廣搶去私行拷打等情一案

未結　一咸豐縣民袁昌恒京控張世朋將伊聘定之妻孅貧改聘並伊母
毆傷一案

未結　一黄陂縣軍丁陳明德京控縣差張祥發等搶去伊家錢物將伊私
押勒索一案

未結　一咸豐縣民蔣文元京控户書賴加盛等欲增粮銀等情一案

以上共六十七起已結六十一起

未結六起

一長樂縣民王萬明京控鄒士芹等奪種地畝搶去谷石等情一案

一南漳縣民婦秦陳氏京控秦國賓唆使伊夫秦舉棟誣姦並搶去猪隻谷石等情一案

未結　一黄陂縣民王光斗京控楊卓武等誣伊窩賊搶去什物一案

未結　一隨州革職馮起順遣抱京控邱文亮等將伊伯父馮起廣搶去私行拷打等情一案

未結　一咸豐縣民袁昌恒京控張世朋將伊聘定之妻嫌貧改聘並伊母

毆傷一案

未結　一黄陂縣軍丁陳明德京控縣差張祥發等搶去伊家錢物將伊私

押勒索一案

未結　一咸豐縣民蔣文元京控户書賴加盛等欲增粮銀等情一案

棗陽縣軍丁張舉孝京控一案看語

審看得棗陽縣軍丁張舉孝京控革生高培澤逼令伊弟張舉常誣認行窃拷打殞命等情一案緣高培澤係棗陽縣學生員先於道光二十二年三月因趙庭琥之女趙女失足落堰身死趙庭琥將屍用蘆席捲放義地被野獸殘食高培澤即移至堂弟高培棠地内稱欲慫恿屍親控其殘毀屍身詐得錢文將屍另用木匣埋葬已地經趙庭琥查知控經該縣驗訊查取高培澤入學

年分詳革緝究高培澤聞拿逃避迨至二十五年九月初間事
冷潛歸是月初七日有居民高培柱被竊藍布大衫托保正高
培玉訪查十六日張擧孝之弟張擧常將自已藍布大衫持赴
典鋪質當高培玉見疑行竊高培柱賍衣十七日黎明張擧孝
同戶族張世秀等有應完軍粮湊錢八串文令張擧常赴縣完納
又遇高培玉見其行走慌張旋即空手轉回愈疑為匪向其盤

問未認起意捉拏送究值趙沅馬林赶集踵至即向告稱張舉常係行竊高培柱家賊匪央同趙沅等將張舉常兩手用繩綑縛並拴其右脚趙沅等各自赴集高培玉將張舉常牽扯同行挨晚時至高培澤門首坐歇曾有馬學良路過查問情由而去旋值高培澤帶同雇工高培貴唐文第網魚回家見向高培玉問知疑竊捉送情由因高培柱係其無服族弟即斥張舉常不應為匪竊其族弟衣服張舉常不服出言辱詈高培澤氣忿順折刺条

毀其脊背張舉常起向撞頭拚命被高培澤推跌坐地致被石塊
墊傷腎囊高培澤因見張舉常傷重向高培玉商允俟其傷痕
醫痊再行送官即令雇工高培貴唐文第將張舉常抬送附近
火神廟內倩醫調治不效於次早身死高培澤畏懼復逃張舉
常聞信往看報經該縣驗訊差緝高培澤無獲開列承緝不力
職名詳請咨參嗣獲高培澤等傳同張舉孝訊供通詳張舉

孝因張舉常腎囊致命重傷高培澤佚係跌墊所致疑傷由跌

墊毋庸抵命並疑幇細其弟之趙沅馬林幇抬之唐文第等在

場共毆痛弟情切砌説高培澤私設公堂喝令唐文第等逼令

伊弟張舉常誣認行竊拷打殞命並砌門丁刑仵通同舞獘隐

傷改供朦詳高培澤唐文第在押脱逃被獲等情赴襄陽道

府暨

前憲衙門具控均批飭縣確究張舉孝復以前情做詞　進京控奉
提督送
部訊佚洛交
撫憲行提委署值棗陽縣已將高培澤照例擬抵由府解省奉
前憲併委卑前署府夏守確訊夏守當提高培澤訊認正兇不
諱訊提張舉孝佚迭前情並稱已將高培澤為伊弟抵命

心已輸服不敢固執等語夏守詳提人証未到卸事甲府到
任甲府到任奉發人卷下府遵復提同高培澤張舉孝逐一研訊
各供前情如繪再三究詰矢口不移似無遁飾此案張舉孝京
控各情惟稱高培澤逼令伊弟張舉常誣認行竊拷打殞命為重
令起衅毆打情由雖與所控不符而高培澤寔係此案正兇其所
告重情已寔其控丁書人等舞弊並未指有贓拠餘砌亦無重情

且據到案供明情同自首惟所控究有不寔合依申訴不寔者杖一百律杖一百折責發落高培澤推跌張舉常墊傷斃命律應擬抵高培玉疑窃妄拿並听從高培澤指送張舉常至廟之唐文第等及誤信高培玉之言幫綑張舉常之趙沅等均有應得之罪已據歸張舉常命案分別擬辦無庸再議門丁仵作訊未舞弊概免置議無干省釋未到人証並免提質以省拖累是否有當

理合觧候

憲台審轉

棗陽縣革生高培澤一案看語

審看得東陽縣革生高培澤先移趙女屍身圖賴高培棠嚇詐得贓聞拏逃避潛歸後復毆跌張峯常墊傷身死及保正高培玉疑窃妄拏一案緣高培澤高培玉均籍隸東陽縣高培澤係

道光十年蒙

前學憲賀科考取入縣學附生高培玉充當高家庄保正均與張峯常素識無嫌已死趙女係縣民趙庭琥之女許耿心倫為

媳過門童養道光二十二年三月回母家閑住初八日經趙庭琥送回夫家路過高培澤小功服弟高培棠水堰趙女見堰邊茅草叢茂嗔身旋取趙庭琥上前箭許坐候因女許久不至轉回查找瞥見趙女業已失足落堰喊同高培棠佃戶謝必斗撈救已經淹斃趙庭琥即向謝必斗索得芦蓆將女屍捲放附近義地俟約女翁耿心倫看明報驗各散旋趙女屍身被野獸殘

食手足拖至高培澤地内次日早高培澤家並存今故之雇工
羅金章赴地工作瞥見回向高培澤告知高培澤因高培棠家
道富厚起意移屍圖賴詐錢即令羅金章將趙女屍身移放高
培棠地内隨帶同其弟高培漢高培賢往向高培棠以慫恿屍
親控其殘毀屍身之言嚇詐錢文高培棠畏累應允當給現錢
六十串並許緩日再付錢七十串立字付高培澤收執高培澤得錢後恐事

敗露遂将趙女屍身用木匣裝殮埋于自己地内嗣趙庭琥邀
同女翁耿心倫往看女屍不見查知高培澤移屍圖賴情由控
經該縣勘驗訊供移查高培澤入學年分詳蒙批准斥革飭拘
究办高培澤聞拏逃避道光二十五年九月初間聞事冷潛歸
是月初七日夜有高家庄居民高培柱被賊竊去藍布大衫因
賍微未報托保正高培玉訪查十六日張峯常因無錢使用將

自己藍布大衫持赴典鋪質當高培玉遇見疑係行竊高培柱
贓衣十七日黎明張舉常之兄張舉孝同户族張世秀張灼有
應完軍粮湊錢八千文令張舉常挑送赴縣完納又遇高培玉
見其行走慌張旋即空手轉回愈疑為匪即向盤問竊情張舉
常不認高培玉起意捉拏送官訊究值趙沅馮林赶集踵至隨
向告稱張舉常係行竊高培柱家賊匪央同趙沅等用繩將張

拳常兩手捆縛並將繩栓其右脚趙沅等各自赴集高培玉牽
扯張拳常同行挨晚時至高培澤門首坐歇有馬學良路過查
問而去旋值高培澤帶同雇工高培貴唐文第綑魚回家見向
高培玉問知疑竊捉拏張拳常送官情由因高培柱係其無服
族弟即斥張拳常不應爲匪竊其族弟衣服張拳常不服出言
辱罵高培澤氣忿順折刺条毆其脊背張拳常起向高培澤撞

頭抓命被高培澤推跌坐地致被石塊墊傷腎囊高培澤因見
張舉常傷重向高培玉商允俟其傷痕医痊再行送官即令雇
工高培貴唐文弟將張舉常抬至附近火神廟内倩医調治不
效于次早身死高培澤畏懼復又逃避該縣飭差勒拏未獲開
列承緝不力職名詳蒙咨參嗣獲犯訊供通詳奉批審解去後
旋據該縣提犯審擬由府解蒙

前憲因屍親張舉孝京控報明飭委卑前署府夏守審辦夏守
旋即卸事卑府到任遵即提訊叔各供認前情不諱再三究詰
矢口不移案無遁飾查律載鬪毆殺人者不問手足他物金刃
並絞監候又例載將良民誣指為竊捉拿拷打嚇詐財物發邊
遠充軍又律載將他人身屍圖賴詐取財物者計贓准竊盜論
又竊盜贓六十兩杖七十徒一年半又親屬相盜小功減三等

各等語此案革生高培澤先以趙女屍身圖賴小功服弟高培崇詐得現錢六十千文被控斥革聞拿逃避潛回復因高培玉疑張舉常行竊爲匪捉拿送官在該犯門首坐歇見向問明即斥張舉常不應爲匪被罵向毆因張舉常撞頭拚命將其推跌墊傷身死衅起口角應照凡鬬問擬高培澤除移趙女屍身圖賴小功服弟高培崇嚇詐得贓輕罪不議外合依鬬毆殺人者不

問手足他物金刄並絞監候律擬絞監候秋後處决高培玉身
充保正因事主高培桂曾托訪查被竊藍布大衫見平民張舉
常持衣質當挑錢進城輒疑爲匪向問不認綑縛送官事屬誣
良惟其因疑而誣並非有心侵陷且無嚇詐拷逼情事應照例
量減問擬保正高培玉應於將良民誣指爲竊捉拏拷打嚇詐
財物發边远充軍例上量減一等杖一百徒三年解配折責安

置高培貴唐文弟訊未幫毆僅止听從拾送張崋常至庙趙沅
馬林誤信高培玉之言幫綑張崋常均請照不應重律杖八十
高培貴唐文弟折責發落趙沅馬林飭縣傳責羅全章听從雇
主高培澤移屍圖賴罪有應得業經身死應毋庸議趙女係失
足溺水身死與人無尤高培澤所詐高培常錢文照追給主字
據追出塗銷夥詐之高培漢等並行窃高培桂賍衣正賊飭緝

获日另结無干省釋各屍棺飭屬領埋是否允協理合解候

憲台審轉

閩呈蘄州草貢陳佐庭遣抱京控糧書夏章輝等勒折浮收等情一案

審看得蘄州革貢陳佐庭遣抱京控糧書夏章𣷹等勒折浮收聳詳寃革等情一案緣陳佐庭即陳賢輔於道光十六年九月内報捐貢生該生爲蘄州上户有陳伊遠陳文典陳秀昌陳一檠陳玉山陳璣亭陳愈增陳春發陳步雲陳最久陳最長陳正久陳相巖十三户柱坐落青二圖五甲每年應完米二百一十石四斗七升五勺連閏核共有米

一千四百餘石夏章輝充當蘄州粮書經收漕南二米道光
二十四年十一月内該州勞牧因蘄州漕務素稱疲玩開征日
久完納甚不踴躍疑有總户包攬覬望擬出示令其自運
自兑官爲督催以免藉口稟奉
各憲批駁嚴飭依限收米觧兑訪拏包抗之户懲辦並由府
委員前往協同催征勞牧禀差周順桂榮治户督催是時

陳佐庭患病卧床兼因雨雪連綿溪河冰凍小船難以行走未能依限運米倉次夏章輝稟經勞妆以轉瞬開兑恐致遲誤於是年十二月二十九日照例將陳佐庭貢生同完米遲延之捐職龔秉良龔秉極監生胡斌駱英廪生蕭子濟生員陳霄凌一併詳奉彙案請咨革審一面添差張才周高劉英陳德押追挐究陳佐庭病愈於二十五年正月内陸續運米

到倉夏章輝暨丁書斗級人等查看米色潮碎逐石剔篩
每石只收好米八斗五升挑米人夫指為有意挑斥互相爭鬧
經陳佐庭喝止時開兌在即陳佐庭央托夏章輝代為就
近買米補完夏章輝起意藉端漁利令陳佐庭多給錢文
方代如數買補陳佐庭不允仍赶回自行碾米運倉全完無
欠洗畢犯即洗亜晚原籍廣東犯事發配蘄州派在州厫打

掃看門花户狠撒些些之米不及細為掃檢多係該畢杷檢掃責食陳佐庭見米後令挑米人夫將狠撒米粒全行掃去洗亜晚笑其小器陳佐庭聞而生嗔因見糧稍遲由於患病功名被革心不甘服即以夏章輝等勒折浮收聳詳寃革各情砌詞上控龔秉良等亦先後上控均批委前武昌府與守併案審辦適胡拭等另自控司批移黃州道府督辦將此案

亦發回黃州府由道督府確審陳佐庭急圖開復功名未候集
訊起意京控希冀挾制早予詳辦開復隨照本省所控情節
自作呈詞誤疑從前在厫早已他去之張雲峯仍在倉厫一
併牽叙詞內遣雇工黃學理作抱赴京控奏
提督衙門送
部訊供咨交

撫憲行奉委提人眷來省報明飭委卑府等審辦並據書差
夏章輝等自行投到前署武昌府聯 未及訊辦卸事前署府
夏 到任會同卑府姚 訊據詳解奉
憲台
藩憲 駁飭勒提龔秉良等到案一併統結等因迭次詳奉催
提未到夏守旋即卸事卑府劉 到任先就現在人証會同研
訊仍各供悉前情再三究詰陳佐庭堅稱並未包攬把持書

役夏章輝等亦堅供並無舞弊吞征情事案無遁飾應即
擬結此案陳佐庭完粮遲延由於患病迨革後即已全完訊
無包攬把抗等弊例得開復衣頂惟輒赴京砌控粮書勒折
浮收希圖挾制早子詳辦開復雖所控尚出有因並非平空
揑指究屬申訴失寔自應按律問擬陳佐庭即陳賢輔除越
訴輕罪不議外合依申訴不寔者杖一百律擬杖一百業已革

去貢生免其發落雇工黄學理听從抱告已罪坐家長邀免置
議夏章輝身充粮書輙因陳佐庭央托買米乘机令其多
給錢文希圖漁利以致陳佐庭藉口指控殊屬不合夏章輝應
照不應重律杖八十折責革役州役周順桂榮劉英張才陳
德訊無聳詳苛勒之事應與訊只撿掃花户粮撒米粒並非
勒索情米之洗軍犯即洗亜晚俱毋庸議無干省釋嗣後該

州收米務遵定例征收毋許糧書滋弊陳佐庭亦應依限交納
不准藉詞拖延如有把持包攬等事听該州隨時查明確據詳
革究辦其龔秉良等革審上控之案與陳佐庭京控各情
並未牽扯應俟到日審明另文議詳請咨是否允協理合解詳候
憲臺會核審轉

開呈蘄州已革職監龔秉良等上控粮書夏章輝等勒折浮收等情案

審看得蘄州通詳職監龔秉良等包攬抗糧並據龔秉良等呈控書役夏章輝等勒折浮收聳詳冕革各等情一案緣龔秉良係嘉慶十九年二月報捐都司銜其弟龔秉極係道光十三年報捐守禦所千總銜有公共龔達祖等二十柱額糧一百八石六斗六升胡斌即胡二元係嘉慶二十五年十一月報捐監生有胡姓亭胡仁祠

兩柱額粮十一石零八升駱英即駱尊第係嘉慶十七年報捐監生

有仁美等九柱額粮二十一石零蕭子濟係道光十年十月内取入州學文生十八年四月内補廪有蕭蘊福等户額粮九十餘石陳霄凌即陳立言於道光十三年十月内取入州學文生有陳青二等户額粮六十九石零道光二十四年冬該州勞光泰出示開征漕南二米日久花户完納寥寥恐有總户包納稟請示諭總户自運自完以免遲悮奉

各憲批飭仍照例由官催征觧兑勞收示諭花户踴躍輸將閤州
粮米漸次納齊惟龔秉良龔秉極胡斌駱英蕭子濟陳霄凌暨
另案京控之陳佐庭即陳賢輔或因患病或因雨雪阻滞或因丧
子憂鬱成疾各未依限運米交倉勞收票差周順桂榮押催聞
有運到之米查非乾圓潔凈至年底尚未破白勞收疑其包攬把
持一併通詳請革並另揭開呈龔秉極等訟案請澈查懲辦

蒙　前憲會同詳奉洛准

部覆將龔東良等斥革飭審龔東良等各趕緊運換米石一律

全完龔東極於完糧時勞牧查出另有訟案扣留聽審龔東良

不甘捏指書役夏章輝等勒折浮收聳詳寃革各情自作呈詞

遣抱蔡金林上控批委前武昌府興守提抱告訊供開摺詳奉

提訊發審經黄州府委員查明龔東良龔東極及胡斌等之

米已各自全完據寔申詳陳佐庭陳霄凌各因功名被革砌詞控奉
撫憲批行前武昌府與守併案訊辦與守正詳請催提人証間
適胡斌亦另自控司移道督府審詳龔秉良呈請就近質審奉
撫憲批允行經與守報明將抱告蔡金林釋回黃州府投訊旋
據勞牧暨署州金寶樹先後通詳蕭子濟陳霄凌於斥革後各
將應完之米全數完納傳案查訊供無包攬把持情事請開復

該生等衣頂奉
院憲批司移道督府訊擬詳奪尚未詳覆嗣陳佐庭遣抱京控
委提人卷來省飭委甲府等併案訊辦因龔秉良等未到先
就陳佐庭京控之案訊擬解奉審咨聲明陳佐庭已革貢生
不准開復在案茲據龔秉良龔秉極投到並先據駱英以書差
浮勒等事赴

撫憲衙門具呈投到行司押發備質又批胡斌呈明病重不能來
省出具輸服甘結遣抱赴府投遞甲府等隨即提訊據各供悉前
情此案捐職龔秉良龔秉極監生胡斌駱英生員陳霄凌蕭子
濟各應完道光二十四年漕米遲至年底尚未破白應照例詳請
弁革迨革後於次年正二月內一律全完例得開復衣頂職銜惟
龔秉良陳霄凌胡斌駱英先後架揑書役勒折浮收聳州寃

革各情上控雖非有心挾制申訴究均失寔自應按律問擬龔秉良陳霄凌即陳立言胡斌即胡二元駱英即駱尊第均合依申訴不寔者杖一百律杖一百業已革去捐職生監免其發落飭州追繳捐照咨銷已革捐職龔秉極於此事尚未揑情控告惟平日訟案累累顯見好訟且該捐職與其胞兄龔秉良係蘄州工戸理宜首先輸將踴躍爲閤州倡乃藉詞互相觀望無

怪該州漕務近年益形疲累所有草去千總職銜應請不准開

復仍將勞牧前次单開各另案行知該州查明已結未結赶緊究

近分別集証審詳免其紛紛提省致滋拖累各事犯雖在道光二

十五年五月二十四日清刑

恩旨以前到官在後毋庸議減廩生蕭子濟曾據該州通詳訊明並

未包攬好訟亦未砌詞上告已革衣頂應准開復該生與陳

霄凌胡斌現未到案均無應質之處免其再行傳解嗣後各名下
應完錢漕務當依限輸納倘仍藉端抗延隨時拏究詳辦期挽
積習倘書役人等從中浮勒滋弊該州亦即從嚴懲治毋稍瞻
徇無干概行省釋是否允協理合將會同訊擬緣由詳候
憲台會核轉詳

均州魏光秀京控一案看稿

審看得均州民魏先秀違抱魏占元京控魏寶鑑欠錢不還賄串丁書差役迭次索詐等情一案緣魏寶鑑係魏先秀胞侄魏先恒係魏先秀堂弟魏先秀積有銀錢放債生息其次子魏三元開設廣興雜貨店兼換易銀錢放債漁利魏宝鑑之妹丈張永茂與孟全升崔方耀魏先恒等常至魏三元店中交易往來有時彈錢共賭酒食並無賭具魏宝鑑販運糧食虧本恐母憂急於道光二十三年私行借用魏先秀錢八百串又于是年八月二十四日憑周富等

借魏三元銀二百兩錢四百串均未向毋吾知二十四年八月十一日魏先秀投凴劉
極三等清算除已還並魏三元借項不計外魏宝鑑尚欠魏先秀錢五百零五
串書立票據約期二次歸還魏王氏聞而往找魏先秀查問尋至魏先恒家適
見魏先秀魏先恒與楊沛霖等攤錢共賭爭論勝負魏宝鑑在旁覌看魏王
氏不知其係賭酒食聲言伊子借項必係魏先秀等誘輸遂以局賭等情控經
前署州栀倅票差白沅等拘訊張永茂先因販買粮食兩次借魏先秀錢

六百八十串内五百串係將田地當質並還過錢一百串又兩次借魏三元錢六百串内五百串亦係將田地質押崔方耀借魏先秀錢七百串作本貿易均有借券當約魏王氏控准後查知伊婿張來茂亦曾向魏先秀借貸慮恐虧折難以措還起意藉賭拖騙囑令張來茂自行赴州呈首將借項作為賭項希冀免追崔方耀聞知其情亦將借項指賭赴州首告魏先秀暨魏三元之子魏成珠各以誆賭圖騙呈訴均經該署州併拘旋經集訊兩造各執一詞該署州因魏成

珠另有逐佃被控之案文彼案原差暫帶魏寶鑑移學取保張宋茂等
分別保候飭繳借券約據集証再行覆審魏先秀繳呈券據魏王氏取去魏
三元貿易帳簿作為賭賬呈繳搪抵該州正催傳中証質訊間魏先秀旋
赴襄陽府具控批州查究是年十一月十四日魏先秀在州城遇見魏寶鑑將其
髮辮揪扭欲與拚命魏寶鑑用力掙脫致被扯落髮辮一綹魏寶鑑跑走魏先
秀追赶仆跌自行磕傷右額角擦傷左手食指戳經該署州驗明飭醫勒

差傳審魏先秀復赴襄陽府續控批准提訊該署州查得張永茂魏寶
鑑等各在保潛回延未投解詳請暫革魏寶鑑衣頂奉
學憲批俟訊明另詳核奪魏先秀又在
督憲行轅遞詞蒙將原詞交襄陽府查办該府迭次行提未到魏先秀因魏
寶鑑等借欠銀錢延不歸償反致受訟累心懷不甘起意京控恐情輕難准
遂自作呈詞添捏賄串丁書差役三次勒詐錢一百五十三千文開列過証藉作

漢林具帖邀魏寶鑑入會魏寶鑑送交會錢經伊撞遇指為署卅生期送礼
並將魏寶鑑之弟魏寶樹同平日口角有嫌之周衍章秦開運等一併牽敘入詞
遣子魏占元進京控奉
提督衙門送
刑部訊供咨交
撫憲行司會札飭委前署府首文守提抱告魏占元訊供開摺詳奉委提人

叅飭發下府魏先秀亦自行赴省投到處及審虛坐誣先在卑府衙內呈悔前署
府夏守未及訊加卸事卑府到任接准移文校叅提訊據各供悉前情此案魏
先秀京控胞侄魏寶鑑騙錢充賭各情固未盡實俱事出有因且係期親尊
長呈告卑幼可以免議惟控門丁蔡二徐三勒錢十九千二百文州書李沛作藉釋
魏成珠為名指詐錢八十四千文書役曾培文鄭義等勒錢四十九千八百文如果
属寔按例均應發近邊充軍今審係全誣律應反坐雖蔡二等俱未到案有

詞列三次過証秦玉華熊興泰盧周堂質明具結應即擬供定拟魏先秀除揪
落期親胞侄髮辮律得勿論並共賭酒食到官在清刑
恩旨以前暨越訴輕罪不議外合依誣告充軍抵充軍役律蠹役詐贓十兩以上發近
邊充軍例發近邊充軍該犯于未提審之先具呈首悔量減一等拟杖一百徒三
年年逾七十照律收贖魏寶鑑借欠本宗期功尊長銀錢違約不還典拖欠他
人銀錢有間第身列文庠目擊張永茂等共賭酒食不為阻止嗣於魏先秀揪

扭不好為理解輒奔脫跑走致魏先秀追跌磕傷追取保私回州傳又延未投到
殊屬非是魏寶鑑應照不應重律杖八十係生員照律納贖魏先恒典張永茂等
共賭酒食亦應照不應重律杖八十折責三十板魏占元聽從父命抱告業已罪
坐其父邀免置議魏王氏因先不知魏寶鑑借貸疑被誘輸勒掯以致呈控嗣
主令伊婿張永茂騙錢首賭張永茂等本有共賭酒食之事並非平空捏造
情尚可原應與訊未過付錢文之秦玉華熊興泰盧周堂及訊無受賄串詐

之焦漢林並無干之胡明富等均毋庸議魏寶鑑所欠魏先秀魏三元銀錢

現撥當堂莫明魏先秀祇令還錢一千串餘俱義讓内魏先秀之三子魏文元

曾欠魏寶鑑錢二百串除抵收外餘錢八百串飭魏寶鑑立限趕緊清償不

准再有延欠借券賬簿案結分别銷燬給領張宋茂崔才糧所欠魏先秀錢

文由卅拘案勒追並拘同孟全井等各治以賭酒食良之罪未到之丁書人等訊未

勒詐生員魏宝樹訊無縱人向魏先秀辱罵情事應與訊未包攬主唆

之周銜章等均免再提以省拖累魏寶鑑繳州解省之髮辮發回貯庫該
生曾經州詳請暫革衣頂奉
學憲嚴飭並非已革弊要該署州祗係亦未做生收禮俱毋庸議魏成珠另
案飭州另行究結是否允協理合詳解候
憲台會核審轉再此案應以道光二十六年十一月初二人卷到齊之日起限
承審前署府百夏守隨于是日起提督修至十三日回署計公出十二日又於十五日

赴提督修至二十六日回署計公出十二日又于十二月初一日赴提督修至十六日回署

計公出十六日夏守旋于二十日卸事除去公出日期計歷審限八日例得按月扣除卑

府於是日到任接審係在封印期內應以二十七年正月十九開印之日起扣至三

月十九日屆滿兩個月委審例限又魏先秀控卅詞內有道光二十二年熊興泰控奉

憲台臬憲批府訊明騙賭將魏宝鑑衣頂斥革之語有無案卷檄詳請查示未奉

飭知合併聲明除詳將人卷解赴

臬
藩憲外為此

照詳

恩施縣民楊遠年等京控營兵覇佔伊等地畝作爲馬廠一案

審看得恩施縣民人楊遠年等京控營兵霸佔伊等地畝作為
馬廠一案緣施郡舊係衛治迨後改土歸流設立營汛並無撥
給馬廠乾隆二年前任施南協黃副將以牧馬之地不廣咨商
前任施南府田守請將城外巴公溪等十六處作為馬廠田守
行據前恩施縣鹿令會營查勘巴公溪等十三處均係花民有
粮之産未便撥作馬廠惟天賜坡把水寺五峯山地廣草肥足

咨牧養開冊詳府移營查照乾隆十七年奉准
戶部咨查原給馬廠地畝經前恩施縣黄令葛令查無撥給
案據出具印結詳賫乾隆三十六年據恩施縣民人楊凡楊崇
在縣府呈控營兵侵佔伊等小官坡有粮田地為馬廠並戴紹
榮指控營兵侵佔伊家李家墓有粮田地為馬廠營兵蕭騰
蛟等亦控民人楊凡等侵佔五峯山馬廠各等情經前恩施縣

劉洽會同營員勘得五峯山東抵鍾楊二姓住宅南抵彭姓
峡口高岩西抵戴姓窩坎北抵小官坡大路內有王建烈指係
伊家納粮二斗麻子碟之地詰無契據界址劉令酌定以東
抵鍾姓屋後坎為界南抵高嶺西丫口土墻為界西抵馬廠土墻
直至二台坎石碑為界北抵營訂石樁直下坎為界給與王建烈
管業繪圖勒石另有小官坡大路起迤邐而南由西至北之彭家

宅地古埂直上除義塚外餘與小官坡接連斷為文武官地一作書院古基一作牧馬草廠皆不許開墾立碑據為界其天賜坟把水寺二處未指明一併斷作官地所有戴紹棠等互爭之地係在界外峽門口兩造俱愿充公取具兵民甘結詳府移營立案嘉慶十一年營兵周登俊等控王建烈之子王勝舉越佔馬廠縣營勘明王勝舉寔於定界之外侵佔馬廠計長四百二十弓

寬一百八十弓斷令退出王勝舉不遵控奉
兩院憲批行施南府會營縣丞勘無異將王勝舉依侵佔官
田律擬杖七十分別立界詳結道光二十四年奉文清查荒地楊
遠年係楊凡宇子孫王瑞係王勝舉之子並王德昌戴必位各見
五峯山教場餘有荒地藉從前控爭之案均圖開墾漁利在府
縣衙門具稟批駁控奉

院司批差施南府何守核參詳勘議請不准開墾繪圖詳

報楊遠年王瑞未能遂欲各起意京控牽敘從前控案並控指

營兵霸佔民地作就呈詞楊遠年行至中途患病令其子楊添

輝隨王瑞至京控奉

步軍統領衙門送

刑部訊供若交

撫憲行奉會委前署府夏守提訊原告供情詳蒙撤委施同
知善丞帶領原告前往會同縣營確勘茲複勘明該處山石陡
峻參差不齊丈量共計週圍五千三百四十七弓內有小官坡李
家墓地名並無麻子礫名目兵民各有歷次建立碑石界限昭然
營中並未佔奪民地間有新墾之處繪圖連人卷解奉飭發下
府夏守未及核訊卸事卑府到任接准移交審悉前情此案施

南營馬廠土名五峯山地方乾隆三十六年始撥恩施縣劉令斷作官地以前查無撥給案據細閱歷次圖説除書院古基義塚並各坟地馬房兵房外餘地無多施南協有馬一百餘匹全賴是山牧放似應仍如何守前詳不准兵民藉詞陞科呈報開墾有妨芻牧楊遠年家雖舊有小官坡地額粮二斗二升訛撥楊添輝供明早經轉賣與余姓並無存留王瑞稱祖遺麻子礤田粮二

斗細核县施縣征收紅簿乾隆五十五年册載一户王世倫土橋堨糧
四斗乾隆五十六年册内粘改土橋堨王世倫糧二斗旁添麻子磏王
建烈糧二斗乾隆五十七年紅簿係照五十六年開載查乾隆三十
六年前县施縣劉令勘斷底案僅有王建烈措麻子磏地糧二斗
之語糧册内並無麻子磏王建烈户柱劉令親供指定四至界限
給地管業已屬從寬何以乾隆五十六年征册内忽由土橋堨糧内

撥出麻子磏糧二斗其為彼時王建烈意圖隱射朦報添改預
為後來爭佔地步情事顯然現在事隔多年無從根究仍應以
乾隆五十五年征冊為憑斷令楊遠年王瑞同戴必位王德昌各照
歷次界碑各守各界凡官地界內荒山及私墾之處均屬馬廠一概
永遠不准墾種其官兵操演教場荒地亦不准擅行名墾致起爭
端楊遠年王瑞控告營兵佔地因未指出姓名亦無畝數究屬失實

均合依申訴不寔杖一百律各杖一百楊遠年現未到案飭縣
傳責發落王瑞照擬折責四十板楊添輝所從父命代造業已
罪坐其父邀免置議無干省釋該處荒山馬厰教場由施南府
協營飭所屬劃切出示曉諭務照依斷案界石管理毋許再
行侵越混爭是否允協所有訊擬緣由理合詳解候
憲台會核審轉

鍾祥縣王明禮京控一案看語

審看得鍾祥縣民王明禮京控賀良善將伊承典田地驀賣李
倫霸種等情一案緣王明禮於道光十九年七月凂中彭起幗
江洸澤承典賀良善水旱田地三段議價一百二十二千文當
時契價兩交二十一年九月賀良善乏用前項田畝欲王明禮
找價承買未允王明禮無力找價令其贖典另售賀良善即凂
彭起幗作中賣給李倫為業議價一百五十六千文李倫因錢

未措齊僅能付賀良善應得找價三十四千文所有王明禮應
得典價一百二十二千文遂同賀良善彭起貴向王明禮商説
即由李倫償還贖約未贖回以前田仍王明禮管業王明禮
應允李倫即令賀良善寫立賣契成交嗣因無錢贖約收田而
賀良善之找價已付無息可取往欲王明禮酌分租花未允即
背前言赴田耕種王明禮往邀賀良善同白理阻賀良善用值

有事未允，同往王明禮不服，隨以賀良善將伊承典田地蓦賣
李倫强種，並砌説李倫佔伊祖遺之田，控經該縣批准唤訊。十
月十三日，賀良善同李倫佃人丁昌平在李倫家閑坐，值原差
萬太安、雲協同保正傅世德往唤李倫之子李思陶，恐伊父到
官拖累，稱願赶緊措錢向王明禮贖約息訟，求免帶案，丁昌平
亦從旁央勸，傅世德不允，並斥丁昌平多管閑事，彼此爭鬧，丁

昌平用柴棒毆傷傳世德右乳李思陶用拳毆傷傳世德左眼
胞並將其推跌倒地致地上碎石墊擦傷左右膁肷等處傳世
德稟經該縣驗明傷痕添差郭青并協拿賀良善因其田賣李
倫為業曾將典價扣留備贖向王明禮告知李倫延不贖約與
伊無干邀同陳世恒趙真學等往勸王明禮呈請摘釋伊名王
明禮不允爭鬧經陸人鮮勸各散賀良善等走後王明禮因見

遺失錢物疑被攬搶並因誤聞傳言李倫井業經差保喚获被
李思陶丁昌平毆傷差保搶轉一併牽列控縣並以各前情先
後赴
各憲暨安陸府衙門具控均批飭縣拘訊究進該縣委傳人証
未齊致未訊結王明禮疑差弊揭復照本省歷控情節自做呈
詞進京控奉

提督呇文

督憲行奉

憲台

臬憲報委前署府夏守審辦夏守當提原告訊供奉提人卷至

省飭發下府未及訊詳卸事卑府到任提集人証訊悉前情研

詰不移似無逋飾此案王明禮所控各情俱出有因惟以田土

細故不候本縣訊斷輒行京控寔属越訴請依越訴律笞五十

賀良善將典給王明禮田地轉賣李倫爲業當同李倫往向王
明禮商允典價即由李倫償還贖約始與李倫立契成交與朦
朧重復典賣者不同惟不先將典約贖回輒行轉賣李倫承買
是田既向原典之王明禮商定由伊償價贖約約未贖回田仍
王明禮管業輒背前言尚未還價贖約赴田耕種俱有不合各
請照不應重律杖八十追繳典價給領李思陶因差保往唤其

父央免帶案未允輒與丁昌平毆傷保正傅世德合依非毆追
攝人律杖八十賀良善係監生照例納贖王明禮并折責發落
丁昌平現未到案飭縣拘責王明禮遺失錢物溉供現接家信
查係往勸陰人攜取聞其京控業已首還邀免深究差役郭青
等訊無弊端應毋庸議無干省釋未到人証並免提訊拖累是
否有當理合解候

憲台審轉

卷一

襄陽縣民陸桂烈京控張文斌等一案看語

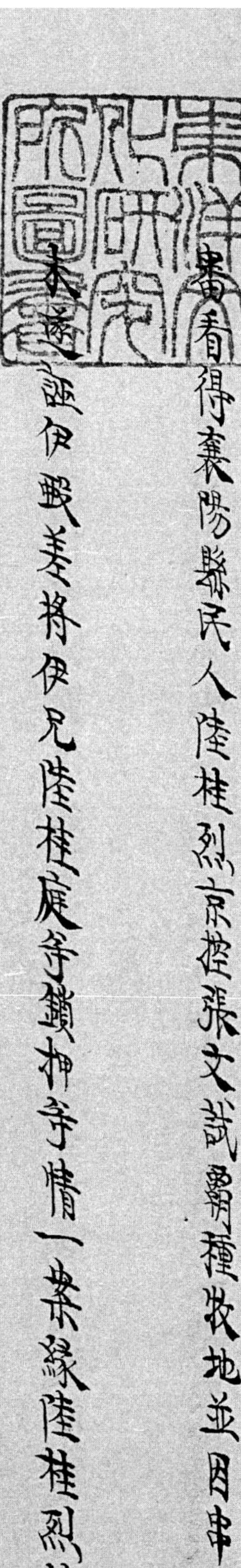
審看得襄陽縣民人陸桂烈京控張文試霸種牧地並因串詐
未遂誣伊毆差將伊兄陸桂庭等鎖押等情一案緣陸桂烈籍
隸襄陽縣張文試前充縣役年滿退卯陸桂烈之祖人與張文試祖人及王陳等
共十八姓有公業沙地八百六十餘畝除指入書院並典賣外康熙
年間由縣勘丈明確尚存六百畝歸十八姓牧放牲畜照冊完粮復
於乾隆年間立有碑界不准侵佔開墾嘉慶十八年張文試之堂

兄張文傑被陸老六毆傷身死案內又斷令十八姓照舊公同管業各在案至道光二十四年張文試私行開種荒地六畝收租完報陸桂烈亦開墾三畝種植芝蔴因係公共荒地不知何姓將陸桂烈所種芝蔴收獲陸桂烈疑係張文試偷割心懷不服嘗投明牌甲王世高代查嗣陸桂烈以既係公業不如設立義學將荒地開種以作費用赴襄陽府縣具呈均經批駁未准即起意京控添砌張文

詐覇種偷去芝蔴串差索錢五十千未遂誣伊毆差將伊兄陸
桂庭等鎖押等情希圖聳聽自作呈詞進京赴
提督衙門具控送
刑部訊供咨交
撫憲行奉
憲台報委卑府審辦詳請委提人卷至省飭發下府訊悉前情此

兼陸桂烈六京控張文試霸種收地偷去芝蔴各情懷疑有因其所稱
串詐未遂誣伊藐差將伊兄陸桂庭等鎖押又係空言惟究屬失實是合依
申訴不實律杖一百折責發落該處沙地斷令仍歸十八姓公同管業收花牲
畜照冊完糧並飭縣示禁永遠不准侵佔開墾以杜爭端張文試充役退
訊無霸種及串詐鎖押情事應毋庸議無干省釋是否允協

閏三蘄水縣監生高金華京控縣書曹大勳等改契舞弊一案

審看得蘄水縣監生高金華遣抱高漢章京控縣書魯大勲等改契舞弊誣挐串詐等情一案緣高金華即高香谷籍隸蘄水縣每年應完額粮一百四十二石八斗九升六合一勺高漢章係其族姪孫素在伊家經管帳務魯大勲魯士恩俱係蘄水縣粮書各管稅契漕粮事務道光二十一年高金華買盧楚珩田產一分價錢六百四十八千文二十三年買向德崇田產一分價錢五百三十千文二十四年買何席珍田產一分價錢九百

四十千文三契均交魯大勳投税魯大勳誤將盧楚珩一契塗污令其
子魯汝敬照依另謄陸續投縣登簿盖印粘連司尾契紙重叠鈐印
致印花透潤重複破損處魯大勳代爲粘補填寫内盧楚珩契係粘
二十年分用剩庚字三千四百一十七號司尾向德崇契係粘二十一年分用剩
辛字三千五百四十九號司尾何席珍契係粘二十一年分用剩辛字三千
五百四十一號司尾魯大勳寄還各契時按例價扣算除收令高金華每

契找錢五百文高金華查看盧楚珩之契係屬另謄餘多粘補填寫印
花亦有重複疑其改契舞弊往尋魯大勳理論争鬧適
各憲訪聞蘄水縣征收漕米有衿棍包攬挾制開单檄縣密訪拏辦不
許擾及無辜該縣梅體萱票差汪忠密行訪拏旋將单開有名之
高香谷即高金華傳獲帶縣查訊供未包攬把持交差暫為帶候
俟查有確據覈審高金華先有銀二百五两九錢二分交存歐家衛澄清

家是時高金華羈縣其佃戶李姓等運米到倉完粮粮書斗級查驗米色潮碎不收其佃戶往央素販粮食與高金華至好之蔡培源代為買米掉換蔡培源稔悉衛澄清家高金華存有銀兩前向取銀另買翁姓米石交倉去銀一百六十餘兩完水脚去銀二十餘兩挑運盤費去銀一十餘兩前項分厘無存翁姓米仍有碎穕斗級柴益元風篩每石寔收七斗七升令其加補三斗三升足數一正一耗裁截印券付佃戶携歸衛澄清隨即病故

蔡培源未向高金華述知亦即遠貿嗣高金華患病保釋詢據衛澄清之妻荅以銀係蔡培源取交翁姓花用高金華先因無端被拏已疑及魯大勳等開詐揑誣迨聞言愈疑翁姓即係縣丁翁玉堂已經詐銀到手是以保釋並因魯大勳令每契找錢五百文斗級令每石米加補三斗三升均疑係例外浮勒心懷不甘遂自作呈詞以改契舞弊串拏押詐等情遣抱赴黄州府暨院司道各衙門迭控飭府親提究報該府不次催提未到高金華起意京

控照本省所控情節作詞遣高漢章赴京在

提督衙門具呈送

刑部訊供咨解高漢章回楚交

撫憲行奉會同報明飭委畢府先提抱告訊供開摺詳蒙委員提到人

叅並申請

憲台

藩憲檢查尾根先後飭發到府暨原告高金華干証蔡培源自行赴府

投到隨提齊研訊據各供悉前情核閱奉發尾根及縣中流水紅簿其
銀數號數俱與高金華現呈三契相符粘連處間有補痕及塗塡之字所
補在無字處所塡非年月銀數均無關緊要印花重複處委因重疊鈐印
印色透潤所致案無遁飾應即提結此案高金華京控誣挐串詐改契
舞弊各情悉事出有因控緣誤疑非但與有心誣告者不同即與有心申
訴失實者亦屬有間惟不待蔡培源回家詢問明白且本省尚未結案

遷行遣抱京控殊屬不合如僅照越訴律擬笞尚覺輕縱高金華即高香谷請照不應重律杖八十係監生援律納贖至平日有無包攬抗漕仍由蘄水縣查明確寔另行辦理應找稅契錢文自向魯大勲清理高漢章聽從作抱京控業已罪坐高金華免其置議魯大勲於高金華交其投稅之契不好爲收存塗污另謄又復粘補塗字致爲藉口訐訟雖訊無每張司尾索錢五百文之事辦理究屬疎忽魯大勲應照不應輕律笞四

十折責十五板魯士恩訊屬無干柴益元訊未浮收耗米周玉樹胡連訊止路
遇汪忠同行汪忠奉票傳喚非由魯大勲捏聳均毋庸議各契發還收執
未到人証邀免再提以省拖累是否允協理合詳解候
憲台會核審轉

嘉魚縣生員李含華等京控呈請興修河堤一案看語

查訊得嘉魚縣生員李含華等遣抱京控河堤漫潰屢禀不爲
興修等情一案緣生員李含華熊宏章劉鳳喈劉紹烈監生孔
步瀛均籍隸嘉魚縣各有執業完粮田地坐落該縣濱江堤内
全賴堤爲保障該堤向係官督民修自嘉魚縣境馬鞍山起至
江夏縣房金口止計程一百二十餘里長一萬七千一百一十
三丈五尺内江夏縣境堤長三千六百七十三丈編列日月光

天德山河壯帝居十字號此外皆屬嘉魚縣境之堤因咸蒲二縣與江嘉二縣逓相接壤均藉江嘉堤爲屏藩是以咸寧縣歷係協修嘉邑堤三千三百七十九丈編列康寧永慶歲昇平七字號蒲圻縣歷係協修嘉邑堤三千七百二十三丈編列居然江上一長城七字號嘉魚縣自修堤三千四百六十五丈五尺編列四邑上游萬民保障八字號又江夏縣境堤尾居字號起

至咸寧縣協修嘉邑堤頭康字號止長二千八百七十三丈地
名陶家馬頭編列金城同樂四字號歷係江咸嘉蒲四縣公修
按四六分派江嘉二縣分修十之六各派三分咸蒲二縣協修
十之四各派二分此四縣舊有之江堤歷来歲修之舊章自
道光十一年大水成災該堤外江内湖腹背受敵風浪冲擊處
處潰缺繼則水患頻仍年復一年各該縣非不按時加修無如

殘缺過甚難成完璧迨至道光二十一年鄰近崇陽縣逆匪滋
事禀明緩修之後或間年擇要加修或由縣籌款粘補一經汛
漲仍多漫溢生員李含華等田地距堤較近形勢較低希冀堤
修可以保田歷赴院司府縣呈請修理並遣抱赴京至
步軍統領衙門遞呈請修咨解回楚發審委勘訊悉前情查堤
工事隸地方官該生監李含華等率行遣抱赴京遞呈請修實足

房胃昧究止意圖修堤保田並無别故情尚可原應與聽從作
抱赴京遞呈之雇工楊有名均免置議該四縣江堤自道光十
一年大水冲擊潰缺至今已歷十餘年之久雖經借項修理継
復節遭水患堤之殘缺並非自今伊始現經委員會同該四縣
撙節勘估修復工費共需銀八萬一百七十餘兩遇值庫藏支
絀民力竭蹷工鉅費繁籌修不易除筋該四縣會同熟籌修費

妥議另詳仍歸入該四縣歲修堤工原案核辦外應請將訊明

該生李含華等遣抱赴京呈請修堤緣由先行咨結以清案牘

是否允協

安陸縣民人劉藜照一案看語

審看得安陸縣民人劉藜照京控汪有洸等搶伊堂嫂小刘陳氏為妻伊叔刘萬全因被逼寫婚領自縊身死一案緣刘藜照有堂兄刘世潅身故遺妻小刘陳氏因家貧自愿改嫁嗣刘藜照外出貿易経小刘陳氏之夫堂叔刘萬全主婚將小刘陳氏凴謀刘長青刘廷揚刘萬容於道光二十六年八月初十日再醮與汪有洸為妻並將自喂猪牛各一隻賣錢帶去刘萬全因染

患瘡疾日久未愈常有不如早死怨言屢經其妻刘范氏勸慰
詎是月十四日早刘萬全瘡疾增劇病磨难受潛在屋後樹上
投繯殞命刘范氏找見解救無及投鳴保正刘廷揚及刘宗盛
看明拟令其姪刘世千赴縣报驗刘范氏因不認屍身暴露買
棺殮埋九月間刘藜照回歸知小刘陳氏業已再醮未得財礼
錢文心懐不服即捏稱汪有洸并串搶小刘陳氏為妻刘萬全

向論致被毆逼自縊控經安陸縣飭差胡荣唤訊並控府批縣催傳人証未齊刘藜照起意京控汪有洸并搶奪小刘陳氏並因在縣城听審躭縣差胡荣曾向需索飯食錢文未給遂將自行花用盤費錢十六千五百文捏為書差串勒之賍遣伊胞弟刘藜潰之嗣母大刘陳氏因夫故僅存田八斗零不敷食用凴媒改嫁與楊學礼為婚並將田約携去刘藜潰未得嗣產曾往

報族長刘長青保正刘廷揚并未理刘世千又與大刘陳氏同居

疑係刘長青并串通刘世千吞産嫁賣一併牽入自作呈詞進

京赴

提督衙門具控送

刑部訊供咨交

撫憲行奉

憲台委提人卷至省報明飭委甲府審辦訊悉前情究詰不移

詳請委提人卷飭發

案無遁飾此案刘藜照京控刘萬全被逼致縊並賕差勒詐及吞産嫁賣大刘陳氏各情或事尚有因或係懷疑惟指控汪有洸串搶小刘陳氏為婚如所告得寔汪有洸應照聚衆夥謀搶奪婦女為首拟斬今係全虛自應按律反坐刘藜照合依誣告人死罪未決者杖一百流三千里加徒役三年律杖一百流三

千里加徒役三年擬供係孀婦獨子是否属寔飭縣查明取結
另詳辦理縣差胡荣雖訊未勒詐其向刘藜照索取飯食錢文亦
未到手究属不合應照不應重律杖八十折責革役刘萬全係
因病磨自縊身死現已衆供確鑿刘范氏不忍夫屍暴露致未
具报係婦女無知應毋庸議保正刘廷揚及刘世千刘宗盛於
刘萬全自縊斃命因屍妻不愿暴露即未报驗均應照地界內

有死人不報官司而輙埋藏者杖八十律杖八十刘廷揚刘世千分别責革刘宗盛現未到案飭縣傳責發落汪有洸并訊無搶奪嫁賣情事應與訊未串勒之縣書李方杜并均毋庸議大刘陳氏夫故再嫁所遺田產係其夫遺囑其嗣子與姪分受應令陳氏繳出約據給其嗣子刘藜潰及夫胞姪刘添成均分以杜爭端無干省釋未到人証並免提質以省拖累是否允協理

合觧候
憲台審轉

開呈隨州民人張兆泰京控雷經廷一案看語

審看得隨州民人張兆泰京控雷經廷謀命主搶違斷鯨吞等
情一案緣張兆泰本名田雙又即張雙係張兆岐胞弟其高祖
姓田因隨母田張氏改嫁與張兆雄即張兆熊之太高祖張義
生爲妻改從張姓張兆雄係張義生前妻所生張鳳彩之嫡支
張兆雄原配鄧氏身故續娶武生雷經廷之孫女雷氏先生一
女雷玉珂係張師文之子過繼雷占春爲嗣於道光十五年歸

宗更名張珂與張兆雄同族無服二十三年七月内張兆雄病
故雷氏正懷有孕因夫家無親支照應家務即請其祖雷經廷
在家經管八月間張雷氏産生一子取名傳宗張兆泰之兄張
兆岐疑係抱養並因覬覦張雷氏財産欲以己子承祧爲雷經
廷阻止遂以雷經廷覇産阻繼各情控經前署州周祖銜集訊
訊明斷令雷經廷暫代張雷氏經管家務俟張傳宗成立交給

接管嗣張傳宗夭殤雷經廷接張雷氏回至伊家同居就近照
應搬運租穀張兆雄之無服族叔張進向阻爭毆被挑穀人用
木扁擔並拳打傷控經該州梁芸滋驗傷差喚張兆歧先後赴
府司呈控批州確查適張雷氏擇有無服族人張倫俊之子張
喜兒爲嗣該州傳同保隣查訊昭穆相當斷准將張喜兒立繼
張兆歧佃種張雷氏田畝張進租住張雷氏房屋均未還租俟

拘到另行訊追張兆岐越赴

步軍統領衙門呈控咨交

撫憲行司提人卷至省委經前府與存審明將張兆岐張進分

別擬杖飭令清還所欠張雷氏田租房租退屋退佃雷經廷擬

咨納贖張雷氏無子仍照州斷准其繼立張喜兒爲嗣家產由

張雷氏自行掌管收租等事着雷經廷同張倫俊代爲經收轉

交以免張姓藉口議擬詳解審咨奉准
部覆在案張兆岐等延未退還田屋張雷氏控經該州將張兆
岐管押訊追押還張雷氏因夫故後遺債九百餘金欠各佃頂
土錢一千餘串齋醮涉訟及一切家用共花錢數百千均係陸
續借貸商允雷經廷張倫俊賣田清償隨央劉坤元劉澤作中
張慶福代筆先後賣田與楊尚友萬亦政朱士禮伯景張碧賢

萬慶裕内楊尚友一契賣錢七百千文萬亦政一契賣錢七百
二十七千文朱士禮一契賣錢四百四十千文伯景一契賣錢
五百六十千文張碧賢一契除扣頂土找錢一百五千文萬慶
裕一契賣錢五百五十千文隨時收價開銷張倫後旋即病故
張兆泰見伊兄圖産未得尚被押催退佃心已不甘雷經廷代
張雷氏迭次售田獲價至數千串之多未必不侵吞分肥愈加

猜忌徃向雷玉珂商訴雷玉珂另因訟案與雷經廷挾有仇怨

起意唆令京控縱難訛分錢文亦可拖累洩忿張兆泰應允雷

玉珂即引張兆泰至德安府城寓居方開楊家雷玉珂口訴情

節捏稱雷經廷賣田八次吞價二千八百餘串串楊尚支等將

張倫俊中途謀斃賄書差抵張兆岐私押籍孫教另因欠項赴

李容牛隻作抵誤將張兆泰寄喂之牛併趕指係雷經廷主楊

尚友統孫教等强搶捏造失单一紙並因雷占祥雷占瑞借住
張雷氏房屋指係霸住今方開揚照依謄寫方開揚誤信雷玉
玉珂所訴情真談論雷經廷非是詞內並未增減字句雷玉珂
復假造白契一紙捏作張兆雄往日伊曾典田去價一千二百串
亦被雷經廷找賣吞用送給張兆泰進京盤費錢五千文並謝
給方開揚筆資錢二千文張兆泰携詞赴京控奉

步軍統領衙門訊供咨解回楚交

督憲行奉會同報委卑府先提原告訊供究出雷玉珂唆訟情

由詳蒙委員提到人卷適張兆岐先因在州患病經該署州姜

國琪提押交保户徐先領調無效於道光二十七年六月二十

八日病故驗訊並無凌虐填格詳報張進以私押謀斃等情控經

臬憲一併飭發下府審悉前情此案張兆泰之兄張兆岐先因

覬覦張雷氏財産，砌詞京控。業經提省審擬，咨結乃雷玉珂挾

有夙嫌，爽張兆泰訴述雷經廷代張雷氏賣田楚債，輙代控雷

經廷謀命串搶各重情，帮給盤費，唆令張兆泰赴京誣告，自應

以主使之雷玉珂為首，聽從控告之張兆泰為從，分別按例問

擬。雷玉珂即張柯除控造假約輕罪不議外，合依代人捏寫本

狀教唆赴京告人命重罪不實者，發近邊充軍例，發近邊充軍

到配杖一百折責安置張兆泰聽從誣告合依為從減一等例

杖一百徒三年方開揚照依雷玉珂口訴情節代寫呈詞雖不

知捏誣情由惟妄加詖論究屬非是應照不應重律杖八十折

責發落張進於張兆岐在州取保病故妄以私押謀斃上控罪

有應得業已在押病故應與訊無凌虐之看役均無庸議張兆

岐張進應退還張雷氏田屋飭州遵照前斷分別押退張喜究

仍給張雷氏願回承繼張雷氏未賣田產留作衣食之資不得
再行典賣張喜兒本生父張倫俊既已身故張喜兒又年未成
丁所有張雷氏家務仍聽雷廷代為經理雷占祥雷占瑞所
住張雷氏房屋令其退出以免張姓藉口滋訟李容所欠孫教
錢文孫教所赶李容牛隻彼此業已算明清結張兆泰被赶之
牛亦經李容賠償俱毋庸議假約當堂銷燬無干概行省釋未

到人證邀免再提以省拖累是否允協理合解候

憲台會核審轉

雲夢縣民人王大勳違抱王正江京控王大祥等一案看語

審看得雲夢縣民人王大勲遣抱王正江京控王大祥等唆使陳明英等糾搶已退之婚控縣串弊朦斷等情一案緣王大勲藉隸雲夢縣有女王有姑前憑昔存今故之王正宇為媒許配陳明英之弟陳明豪為婚得受財禮錢十千文道光十五年歲歉王大勲送王有姑至陳明英家童養陳明英之母陳王氏未允收留王大勲隨携王有姑外出覓食旋陳明英母故亦帶其弟陳明

豪遠貿王大勲即於是年十月間託王大仁爲媒將王有姑另許

王幗選爲媳當即過門童養王大仁等均不知王大勲悔婚情

事至二十六年十二月初八日王幗選令其子王哈叭與王有姑成婚

嗣陳明英等回歸聞知王大勲悔婚另許邀允王大祥陳大

德向王大勲央說仍欲接娶王大勲不允經戚人鄧德成宣克正

陳明聰及張幗虎等令王大勲出給茶食錢文囑陳明英寫立退婚

孚批陳明英等不依各散於二十七年正月初五日邀同陳起洪陳起
春等往與王大勳講理致彼口角爭鬧碰碎什物王大勳隨赴縣
具控逐遇素識之生員鄒佑林等向其告述曾劝令將王有姑仍
歸前夫毋庸涉訟王大勳不聽並疑鄒佑林等幫護即控縣
集訊並未將王有姑業與王晗以成婚緣由供明該縣照例斷將
王有姑仍歸陳明豪完娶押令看交王大勳情急捏砌搶擄與朦枉斷等情赴德安府

憲台

撫憲衙門具控，批飭録詳覆，照本省原控情節，裡称陳明英已立退婚字據，自作呈詞，嘱王

正江作抱進京赴

提督衙門呈控，送

部訊供咨文

撫憲行奉

憲台報明飭委署府審辦詳請奏提人卷至省飭發訊悉前情此案王大勳

先將其女王有姑許聘明豪爲婚繼而悔婚另許王幗逵爲媳嗣

經控縣訊斷輙即添砌搶擄契滕枉斷等情省控京控雖所控各

情俱尚有因究屬不寔王大勳除悔婚輕罪不議外合依申訴不寔

律杖一百折責發落王正江作抱京控訊明不知王大勳捏砌情事應

免置議王有姑另許王哈叭業已成婚現據前夫陳明豪供明不

願娶歸自應照例仍從後夫完聚倍追財禮給還其主婚之王幗選
爲媒之王大仁俱不知王大勳悔婚情由陳明英陳明豪訊無搶拷
情事應與並未唆使之王大祥陳大德及並未串獘之生員鄒佑林
許定齡縣差黃明均毋庸議無干省釋未到人証並免提質以
省拖累是否允協理合具文解候
憲台審轉

孝感縣民沈慎修一案看語

審看得孝感縣民沈慎修京控程登元挾嫌串嗬王李氏誣伊
調姦等情一案。緣沈慎修與程登元及王李氏之夫王世德俱
住居附近。道光二十五年，有武生胡輔清之次子胡修堃私用
胡方順即胡方震託收欠項錢文。是年十二月二十九日，王世
啓等與胡修堃路遇口角，爭毆致傷胡修堃身死，報經該縣曾
維楨票差劉文煥等拘拿正兇審究。一面於二十六年正月初

三日親詣相驗沈慎修前因爭木被王世德等毀碎壘丸有棟
知王世德現為命案牽連起意藉端行詐先於正月初二日前
五月前至王世德家值王世德外出向其妻王李氏誆稱如能
給錢六串包可摘除名目否則到官難免治罪王李氏答以無
錢沈慎修見房內頗有糧食稱可抵用即自闖走進房復見床
上放有糖餅踞床啖食行蕎麥六斗挑走王李氏因被踞床取

啖食物王李氏疑為有意調戲氣忿喊罵陰人黃能信聞往勸
止王李氏探悉曾維楨臨廠相驗當廠喊稟沈慎修訛詐調姦
曾維楨即飭劉文煥拘獲沈慎修查訊未拠供認交差帶縣收
押集訊各執一詞質之黃能信拠供是日曾見沈慎修挑取王
李氏家蕎麦不知有無調姦曾維楨以王李氏家謹婦女沈慎
修不避嫌疑詐取財物咎有應得仍將其押候催拘未到人証

賫辦遣程登元家存穀籽先經王得實等二十餘人賒買各欠錢數十串至數串文不等程登元需用討未償托劉文煥代為催齊共錢六百餘串憑王中義張高展交收程登元曾送給劉文煥謝資沈慎修次兄沈用鈞聞知其事進城探聽述給劉文煥等收錢情由沈慎修因出錢之人有與命案牽連疑有買脫罪名及藉案詐索情事並憶及王李氏喊稟之日曾見程登元

典王李氏同行談話疑係程登元唆使逐砌詐搶串誣各情將

沈用鈞出名具詞令沈用鈞赴府司院迭控未向沈用鈞告知

控情押發沈用鈞回縣飭令查稟確究沈慎修旋典沈用鈞先

後患病取保其長兄沈用鎮路遇王世德口角爭毆被王世德

拳傷右眼胞棍傷右腿沈慎修控縣驗傷併拘王世德規避沈

慎修復自赴

憲轅暨
兩院憲呈控批行該縣集証質明懲辦曾維楨奉調閘差卸事
代辦縣鹿啟烈到任飭揪沈慎修指出被詐人揔名比傳未到亦
即卸事曾維楨回任傳齊王得寶等及過証王中義等訊明均非
賄脫串詐取具各結沈慎修情虛不敢投質起意京控拖延隨
照本省歷控情節自作呈詞因自涉訟花用飯食盤費錢二十

串許送劉文煥飯食錢十串已付錢二串未交錢八串指係劉
文煥勒索盖費程登元平日有欲捐監生之言指係假冒監生
擾害張高展曾在粮食行帮貿指作私充牙行並牽叙王沈氏
溺水身死及二十一年曾令查拿私盐各另添砌刑審勒和
各情希圖聳准又與程仁緘沈歩堂素有微嫌亦牽列詞内進
京赴

提督衙門具控送

刑部訊供咨解回楚行奉報明飭委卑府審辦遵即提齊人証

審悉前情此案沈墳修京控程登元假冒串六各情究懷疑有

因或申訴不寔即其詐取王李氏家蕎麥計賍亦輕惟告控縣

差劉文喚詐得賍錢二十二串如所告得寔劉文煥應照蠹役

詐賍十兩以上例擬軍今審明劉文煥僅得受沈墳修送給飯

食錢二串止應科以不應重律杖八十係屬誣輕為重自應照
照律問擬沈慎修合依誣輕為重者反坐以所剩不寔之罪未
論決流止杖一百餘罪收贖律五軍同流折杖二百四十除得
寔杖八十應反坐剩杖一百陸十決杖一百餘杖六十照律收
贖劉文煥得受沈慎修送給飯食錢二串應照不應重律杖八
十王世德棍毆沈用鎮成傷合依他物毆人成傷律笞四十分

別折責革役王李氏稟控沈慎修調姦係出有因應與訊未假
冒監生憑害唆訟詐搶之程登元及並未私充牙行之張高展
均毋庸議沈用鈞聽從沈慎修出名代控不合同控情由亦即
免置議沈慎修詐取王李氏蕎麥同劉得煥所得飯食錢文分別追繳給領入官
謬修堃被毆身死之案業經孝感縣緝獲正兇許恨王沈氏溺水身死
之案亦與沈慎修無涉[illegible][illegible][illegible]縣另行分別辦理無干省釋是

否允協理合解候

憲台審轉